Die Sophisten
Eine Einführung

Bernhard H. F. Taureck

Die Sophisten
Eine Einführung

© by Junius Verlag GmbH
Genehmigte Lizenzausgabe Panorama Verlag, Wiesbaden
Alle Rechte vorbehalten
Umschlaggestaltung: Helmut Schaffer
Titelfoto: AKG Berlin
Satz: GGP Media GmbH, Pößneck
Druck: GGP Media GmbH, Pößneck
Printed in Germany
ISBN 3-926642-64-5

Inhalt

Anhang

Einleitung

χρεὼ δέ σε πάντα πυθέσθαι
ἠμὲν ᾿Αληθείς εὐπειθέος ἀτρεμὲς ἦτορ
ἠδὲ βροτῶν δόξας
(So gehört es sich, daß du alles erfährst:
einerseits das unerschütterliche Herz der
wirklich überzeugenden Wahrheit,
andererseits die Meinungen der Sterblichen)
PARMENIDES, Fragment 28B1

Die Wörter Sophist, Sophistik oder sophistisch rufen bei uns gemischte Gefühle hervor. Einerseits sind wir durchaus einzuräumen bereit, daß die Sophisten große, ja sogar revolutionäre Neuerer in der Geschichte der Philosophie, des menschlichen Selbstverständnisses, der politischen Ordnungsvorstellungen gewesen sind. Andererseits urteilen wir, daß der Sophist es nicht so recht ernst meinte mit dem, was er äußerte. Daß er eher Scheinargumente vorbrachte, um Erfolg zu haben bei der strategisch geplanten und eingesetzten Überzeugung anderer. Eine Klärung der Wortbedeutungen ist daher angezeigt:

Man kann drei Phasen von Bedeutungsverleihungen des Wortes Sophistik unterscheiden. Die erste ist vorplatonisch, die zweite wurde von Platon (ca. 427-ca. 347 v.Chr.) bestimmt, und die dritte Phase spiegelt das Bild des Sophisten und der Sophistik in der Zeit von Platon bis zur Gegenwart. »Sophistik« war dabei zunächst die Eigenbezeichnung einer Gruppe für ihre Denkrichtung. »Sophisten« war aber zugleich auch die Fremdbezeichnung für die Vertreter dieser Bewegung.[1]

Der vorplatonische Sinn von »sophistés« bezeichnet zunächst positiv »kenntnisreiche, erfahrene Männer«, die »besondere Fähigkeiten und Erfahrungen besitzen und diese in der einen oder anderen Weise zu nutzen wissen und zu vermitteln bereit sind«[2]. Doch schon in der Zeit vor Platon erhielt das Wort »sophistés« einen ersten negativen Beiklang, wovon vor allem die Komödie *Die Wolken* des Aristophanes (vor 445-ca. 385 v. Chr.) zeugt.[3]

Platon nutzte die bereits vorhandene pejorative Bedeutung der Bezeichnung, um mit den Sophisten — eigentümlicherweise nach dem Ableben der großen Persönlichkeiten der Sophistik — generell abzurechnen. In seinem Frühwerk sah er mit dem rhetorischen Anspruch der Sophisten strukturell einen Machtanspruch verknüpft; in seinem späteren Werk erscheint der Sophist als ein Streitredner, der über alles zu reden und zu wissen sich anmaßt, in Wirklichkeit aber nur ein Scheinwissen besitzt.[4]

Obwohl in der Zeit nach Platon eine ernsthafte Auseinandersetzung mit der Sophistik stattfand, spannt sich das moderne Bedeutungsfeld des Begriffs Sophist zwischen Lügner und innovativem Denkmeister.[5]

Im allgemeinen wird die Sophistik als eine Wendung zum Menschen, zu anthropologischen Fragen der menschlichen Kultur verstanden. Das Thema des Menschen gab es allerdings auch schon bei den Philosophen in der Zeit vor der Sophistik. Es war dort jedoch eher sekundär. Im Vordergrund standen vormals Überlegungen zur Natur, zum Kosmos, zum Seienden überhaupt. Der Mensch kam darin vor, sofern er selber als Teil des Kosmos verstanden werden konnte. Für die Sophisten hört der Mensch gleichsam auf, Substanz zu sein, und wird eher als Geflecht von Bezügen betrachtet: Bezüge zur Natur, zu den Göttern, zu anderen Menschen, zu anderen Völkern, zum jeweils anderen Geschlecht, zum Staat.

Anders als bei den anderen Philosophen gilt für die Denker der Sophistik, von deren Schriften uns vieles übrigens nur in kurzen Fragmenten oder in Zitaten Dritter erhalten ist, daß sie sich in eigentümlicher Weise in Beziehung zu ihrer sozialen Umwelt gesetzt haben. Verschiedene antike Zeitgenossen haben diese Bezüge als Einbeziehung von *Geld und Macht* in die Philosophie wahrgenommen und als unmoralisches Verhalten gewertet: Die Sophisten seien wie »Huren des Wissens«, die jedem, der er es wolle, ihre Schönheit für Geld verkauften, läßt zum Beispiel der Schriftsteller Xenophon Sokrates – den er im übrigen durchaus neben die Sophisten stellte – einmal sagen. [6]

Das Denken der Sophisten entsprach einem sozialen Bedürfnis der griechischen Gesellschaft im 5. und 4. Jahrhundert v. Chr. Mehr als in anderen und mehr auch als in ähnlichen antiken Staatsformen hing in der attischen Demokratie, die sich im Anschluß an den Peloponnesischen Krieg (431-404 v. Chr.) und die oligarchische Herrschaft der »dreißig Tyrannen« (404-403 v. Chr.) neu konstituieren konnte, politischer Erfolg von der Fähigkeit zur wirksamen öffentlichen Rede ab: Beschlüsse der Volksversammlung waren Mehrheitsbeschlüsse. Die Stimmen der Armen zählten ebenso wie die Stimmen der Reichen. Vor einer derartigen Versammlung gab es eigentlich keine institutionalisierte Autorität. Der Erfolg hing von der Beeinflussung der Menge durch das Wort ab. Kundige Männer, Sophisten, boten sich an, durch Unterricht im Umgang mit dem Wort das »Mißerfolgsrisiko« der Rede so gering zu halten wie möglich. Ihre Dienste boten die Sophisten gegen Entlohnung an, was ihnen u. a. die oben bereits erwähnte Bezeichnung als »Huren des Wissens« einbrachte.

Der monetäre Aspekt der Sophistik relativiert sich jedoch, wenn man sich vergegenwärtigt, daß tatsächlich gezahlte Honorare für den Unterricht – es ging um Rechtskunde und Philosophie – nicht unbedingt ein spezifisches Merkmal der Sophisten gewesen sind: Derselbe Platon, der die Sophisten wegen ihrer Honorarforderungen und -einnahmen tadelt, berichtet, Zenon von Elea (ca. 490/85-445/40 v. Chr.), der mit den später in Athen auftretenden Sophisten nichts zu tun hatte, habe von zwei Herren hundert Minen Honorargeld erhalten.[7]

Eine weitere von ihren Zeitgenossen kritisierte Beziehung der Sophisten zu ihrer sozialen Umwelt soll in ihrem Anspruch auf *Macht* bestanden haben. Es war Platon, der, wie bereits erwähnt, den universellen Anspruch der sophistischen Redekunst als Anspruch auf Macht über die Zuhörerschaft und auf ihre Beherrschung identifizierte. Nun gibt es in der Tat einen berühmten, von der Sophistik beeinflußten Autor, der in jener Zeit häufig über Phänomene wie Macht und Machtgier gesprochen hat: Es handelt sich um den Historiker des mörderischen Krieges Athens mit Sparta, um Thukydides (ca. 460/455-ca. 400 v. Chr.). Thukydides legte jedoch keine Theorie der Macht vor, sondern bot lediglich eindringliche Beschreibungen typischer Phänomene politischer Macht.[8]

Was sich von Thukydides für eine Einschätzung der Sophistik lernen läßt, ist weniger eine Beurteilung des Machtanspruchs der Sophisten als des leidenschaftlichen Interesses der Athener am Zuhören schönen Redens (eu légein). Kleon läßt er einmal vor der Volksversammlung sagen:

»Was geschehen soll, beurteilt ihr nach einer guten Rede als möglich, was schon vollbracht ist, nicht nach dem sichtbaren Tatbestand, sondern verlaßt euch auf eure Ohren, wenn ihr eine schöne Scheltrede dagegen hört. Auf die Neuheit eines Gedankens hereinfallen, das könnt ihr gut, und einem bewährten nicht mehr folgen wollen – ihr Sklaven immer des neuestes Aberwitzes, Verächter des Herkommens, jeder nur begierig, wenn irgend möglich, oder doch um die Wette mit solchen Rednern bemüht zu zeigen, daß er mit dem Verständnis nicht nachhinkt, ja einer geschliffenen Wendung im voraus beizufallen, überhaupt erpicht, die Gedanken des Redners vorweg zu erraten, langsam nur im Vorausbedenken der Folgen; so sucht ihr nach einer anderen Welt gleichsam, als in der wir leben, und besinnt euch dafür nicht einmal auf das Nächste zur Genüge; kurz, der Hörlust (akoés hedoné) preisgegeben tut ihr, als säßet ihr im

Theater, um Redekünstler (sophistón) zu genießen, und hättet nicht das Heil des Staates zu bedenken.«[9]

Wenn man einen Beweis für die spezifische öffentliche Effektivität des sophistischen Wirkens sucht, so liegt er an dieser Stelle vor. Worum geht es? Thukydides beschreibt in dem zitierten Text eine Verbindung von Politik und ästhetischer Lust. Die Athener erleben politisches Handeln wie ein Drama, sie sind »Zuschauer der Worte« (theataí ton lógon). Die Sophisten wirken als Erfolgskünstler, die Sophistik erscheint als eine Erfolgskunst der Rede, die, wie in dem vorliegenden Buch im Kapitel »Die Sophistik als vergessene Art der Kunst« unter anderem hypothetisch gezeigt werden soll, der Kunst und Dichtkunst entlehnt wurde.

Weil er ein Feind dieser Demokratie war, hält Kleon den demokratischen Athenern die Verbindung von Politik und ästhetischer Lust als Laster vor.[10] Die Verknüpfung von Ästhetik und politischer Alltäglichkeit war offenbar der Beitrag der Sophisten zur zeitgenössischen Demokratie. Ein anderer Beitrag bestand in ihrer Suche nach Bindekräften, die einen Zusammenhalt der Bürger in der attischen Demokratie garantieren sollten. Denn dieser direkten Demokratie fehlte jener für heutige Demokratien bestimmende Zug der verfassungsmäßigen Bindung an die überstaatlichen Werte der Menschenrechte. Eine Reihe der sophistischen Reflexionen zur praktischen Philosophie lassen sich als Versuch einer Beschreibung derjenigen Tugenden deuten, auf deren Grundlage ein demokratisches Gemeinwesen lebensfähig ist.

Das zentrale Problem für das Verständnis der Sophisten ist das folgende: Wie lassen sich die philosophischen Lehrstücke der Sophisten mit ihren Bezügen zu ihrer sozialen Umwelt – angestrebter Gewinn an Geld, Macht bzw. Einfluß – in Beziehung

11

setzen? Drei Möglichkeiten bieten sich grundsätzlich an: Entweder läßt man die Philosophien der Sophisten und ihre externen gesellschaftlichen Bezüge unverbunden nebeneinander bestehen, oder man verbindet sie teilweise, oder aber man spricht den Sophisten philosophische Ansprüche oder philosophische Dignität ab. Letzteres geschah bei Platon in polemischer und in der späteren Forschung in historisch-objektiver Absicht.[11]

Es ist indes wenig wahrscheinlich, daß die Bemühungen der Sophisten rein rhetorischer Natur waren. Glaubhafter ist es dagegen, davon auszugehen, daß sich in ihrem Denken Philosophie und gesellschaftliche Fragestellungen mischten. Die Erforschung der Sophistik hat ohnehin die Ansicht zerstört, wonach es sich um eine einheitliche Strömung handelt. Einheitlich wahrgenommen wurden die Sophisten im Grunde nur von einem Denker, der alles daran setzte, sie aus der Philosophie auszuschließen, und dem wir zugleich sehr viel von dem verdanken, was wir über sie wissen: Es handelt sich um Platon.

Die zum Teil sehr unterschiedlichen philosophischen Fragestellungen und Lehrstücke der Sophisten werden in den folgenden Kapiteln unter größeren systematischen Gesichtspunkten behandelt. Der Vergleich mit anderen philosophischen Denkrichtungen trägt darüber hinaus zu einer philosophiegeschichtlichen Einordnung der Sophistik bei.

1. Die Hauptvertreter der Sophistik

Die folgenden Ausführungen nennen die Hauptvertreter der Sophistik und informieren in einer knappen Skizze über deren Leben und Werk. In den sich anschließenden Kapiteln werden verschiedene Fragestellungen, die mit dem Schaffen der Sophisten in Verbindung stehen, genauer analysiert.

Wer zu den Sophisten zu zählen ist, ergibt sich zum einen aus den Angaben derjenigen, die sich selbst zu dieser (nicht genau zu umreißenden) Gruppe zählten, aber auch aus den Äußerungen weiterer antiker Philosophen wie Aristoteles oder Platon, der drei seiner Dialoge nach Hauptvertretern der Sophistik benannte, und schließlich aus Überlieferungstraditionen, die sich bis ins Mittelalter zurückverfolgen lassen.[12]

Protagoras

Zu den ersten und bedeutendsten Sophisten zählte Protagoras. Er stammte aus Abdera im nördlichen Griechenland und lebte von ca. 485 bis ca. 415 v. Chr. Vierzig Jahre hat er den Beruf eines bezahlten Denkers ausgeübt. Zu seinen Lebzeiten genoß er hohes Ansehen, war näher mit Perikles bekannt und wurde, Platons Bekämpfung der Sophisten zum Trotz, in der hellenistischen Zeit offenbar weiterhin verehrt. Wiederholte Grabungen im Wüstensand des ägyptischen Memphis in der Zeit zwischen 1851 und 1950 haben Statuen von Philosophen freigelegt, die halbkreisförmig auf eine Gruppe von Dichterstatuen hingeordnet sind. Die Inschriften nennen neben Platon, Heraklit und Thales auch Protagoras.

444 v. Chr. wurde Protagoras von dem demokratischen Athen beauftragt, für die Stadt Thurioi im südlichen Italien eine Verfassung zu formulieren. Da es sich bei Thurioi um eine Gründung Athens ohne Beteiligung Spartas handelte, wird angenommen, daß diese Verfassung demokratisch ausgerichtet war. Gegen Ende seines Lebens soll Protagoras – ähnlich wie der Bildhauer Phidias, wie der Philosoph Anaxagoras oder wie Sokrates – Opfer der attischen Demokratie geworden sein. Anlaß war, wenn dies so richtig ist, vermutlich seine Bemerkung, er wisse nichts über die Existenz und die Beschaffenheit der Götter zu sagen.[13] Schon die bloße Nichtbeachtung der Staatsgottheiten brachte Protagoras in Konflikt mit dem attischen Recht. Angeblich verwies man ihn aus Athen und verbrannte seine Bücher auf dem dortigen Markt. Die Überlieferung will, daß er bei der Abreise mit seinem Schiff im Seesturm ertrank. Die Berichte über seine Verbannung werden neuerdings jedoch bezweifelt.[14]

Protagoras schrieb, wie wir aus erhaltenen Titeln wissen, Bücher (unter anderem) über Naturwissenschaft, über die Regierungskunst, über die Götter, über den Ehrgeiz und über die Wahrheit. Leider wissen wir jedoch kaum, wie diese Themen abgehandelt wurden und zu welchen Ergebnissen Protagoras gelangte, weil keines seiner Bücher auch nur annähernd erhalten ist. Was an Protagoras' eigenen Worten überliefert wurde, sind nach heutigem Stand der Erkenntnis lediglich acht Bruchstücke. Die bekanntesten davon sind das Fragment B 1, wonach der Mensch Maß aller Dinge ist[15], und das bereits angesprochene Bruchstück B 4, in dem er sich über die Kenntnis der Götter äußert.[16] Wesentliche Informationen zur Person und zum Denken des Protagoras finden sich über seine Fragmente hinaus in Platons gleichnamigem Dialog ebenso wie in dem Dialog *Theaitetos*.

Gorgias

Gorgias wurde etwa 490/485 v. Chr. in Leontinoi auf Sizilien geboren, und man vermutet, daß er mehr als hundert Jahre alt im nordgriechischen Thessalien um 376 v. Chr. starb. Im Unterschied zu Protagoras geriet er in keinen Konflikt mit der athenischen Staatsmacht. Philosophisch beeinflußt wurde er von dem Arzt und Philosophen Empedokles (ca. 495-ca. 435 v. Chr.), aber auch von Parmenides (ca. 515/10-nach 450 v. Chr.).

427 v. Chr. wurde Gorgias von seiner Vaterstadt mit einer Gesandtschaft nach Athen beauftragt. Vor der Volksversammlung gelang es ihm, die Athener für eine Unterstützung der Polis von Leontinoi zu gewinnen, die sich von den Syrakusanern bedroht fühlte. Platon soll, als Gorgias sich näherte, unter Anspielung auf eine goldene Statue, die er von sich aufstellen ließ, und auf die großen Honorare, die er für seine lehrende Tätigkeit erhielt, ausgerufen haben: »Da kommt der schöne Gorgias aus Gold!« Zu seinen Lehrern gehörte der Naturphilosoph und Erfinder der Rhetorik Empedokles, von dem er nicht nur zahlreiche Anregungen im Hinblick auf die Stillehre erhielt, sondern der auch Einfluß auf seine naturwissenschaftlichen Forschungen hatte.

Unter seinen Zeitgenossen beeinflußte er besonders die Politiker Perikles, Alkibiades und Kritias, aber auch den Historiker Thukydides. Zu seinen Schülern gehörte vor allem Isokrates, der später in Athen eine eigene Schule gründete und dessen Versuch einer auf allgemeinen Konsens gegründeten Ethik zeitweise bekannter war als die Philosophie Platons.

Gorgias' Werke sind vor allem der Rhetorik und der Technik des Redens gewidmet. Gleichwohl wurde uns in Berichten aus zweiter Hand seine beinahe nihilistisch zu nennende Argumentation in der Arbeit *Über das Nichtseiende oder über die Natur* in zwei Fassungen überliefert: durch Pseudo-Aristoteles in *De Melisso Xenophane Gorgia*[17] und Sectus Empiricus in *Adversus Mathematicos*[18]. In dieser Schrift kritisiert er den Eleaten Parmenides (ca. 515/10-ca. 450 v. Chr.), der behauptet hatte, daß es ein »Nichts« nicht geben könne, weil es für uns nicht denkbar sei. Ausführlich wird dies noch im Kapitel »Wahrheit und Erkenntnis« erläutert. Anders als dies Platon in seinem Dialog *Gorgias* darstellt, ist der Philosoph nicht nur Rhetoriker, sondern er wollte das bloß »Scheinende in der Überzeugung der Zuhörer zur Wirklichkeit gestalten«[19].

Lykophron

Der von Aristoteles als Sophist bezeichnete Lykophron[20] zählt zu den Schülern des Gorgias.[21] Über sein Leben und Werk wissen wir außergewöhnlich wenig: 364 oder 360 v. Chr. besuchte er, wie Platon in einem Brief berichtet, den Hof des Tyrannen Dionysios d.J. in Syrakus. Die Inhalte seiner Philosophie kennen wir nur aus zweiter Hand – sie sind, sofern überhaupt überliefert, im Werk des Aristoteles zu finden. An sechs verschiedenen Stellen geht es dabei entweder um Probleme der Prädikation (d.h. um Fragen, die im Zusammenhang mit der Verwendung des Wortes »sein« auftreten; vgl. hierzu im vorliegenden Buch das Kapitel »Wahrheit und Erkenntnis. Lykophrons Elimination des ›ist‹«) oder um politische Fragestellungen[22].

Prodikos von Keos

Prodikos wurde zwischen 470 und 460 v. Chr. auf der Insel Keos geboren; er starb 399 v. Chr. Wie Protagoras und Gorgias wurde auch er von seiner Vaterstadt mehrfach nach Athen gesandt, wo er vom Volk besonders geschätzt wurde. Er war vermutlich ein Schüler von Protagoras (DK 84 A 1) und wirkte auf den bereits erwähnten Isokrates ebenso wie auf den Tragödiendichter Euripides. Auch Sokrates' moralphilosophische Überlegungen scheinen stark von Prodikos beeinflußt zu sein. Der Komödiendichter Aristophanes äußerte in den *Wolken* über ihn: »Von allen großen Weisen, die den Himmel betrachten, / Kann man eigentlich nur Prodikos zuhören, / Denn er hat Weisheit und er hat recht.« [23]

Prodikos arbeitete als Sprach-, aber auch als Naturphilosoph. In seinem Werk *Horai*[24], der einzigen Schrift, deren Titel wir sicher und deren Inhalt wir wenigstens zum Teil kennen, hat Prodikos, der weithin als Atheist galt, neben seiner Kulturphilosophie vermutlich auch seine Vorstellungen vom Ursprung der Religion erläutert.[25] Darüber hinaus findet sich hier der berühmte Mythos von »Herakles am Scheideweg«.[26]

Hippias von Elis

Erst in unserem Jahrhundert entdeckte der Wissenschaftler Eugène Dupréel den Philosophen Hippias in Platonischen Dialogen neu, der bis dahin nur als Mathematiker bekannt war.[27] Hippias stammte aus Elis und wurde nach 470 v. Chr. geboren. Wie Prodikos gehörte auch er zur zweiten Generation der Sophisten, und wie dieser wurde er auch mehrfach mit politischen Missionen nach Sparta, Athen und Syrakus betraut. Reisen, auf denen er häufig Schaureden hielt, führten ihn auch über die Grenzen Grie-

17

chenlands hinaus, wobei er übrigens auch Fremdsprachen gelernt haben soll.

Seine Fähigkeiten und Aktivitäten galten als außergewöhnlich. Vermutlich noch im hohen Alter setzte er sich für die Demokratie in seiner Vaterstadt ein. Sein Lehrprogramm umfaßte vertieftes Wissen in der Astronomie, der Mathematik[28], Geschichte, Musik und der bildenden Kunst; sein Ideal war der enzyklopädisch gebildete Redner. Philosophiegeschichtlich bedeutsam ist, daß er eine Synthese von Naturphilosophie und der neuen, dem Menschen zugewandten Philosophie erprobte. In diesem Zusammenhang unterschied er zwischen Naturrecht und menschlichem Recht.

Von seinem Werk ist im übrigen nichts erhalten. Kenntnis von seiner Philosophie erhalten wir allein durch sekundäre Vermittlung, etwa durch Platon[29].

Thrasymachos

Über Thrasymachos' Leben und Werk wissen wir kaum mehr, als Platon in seinem Buch *Der Staat* von ihm berichtet[30], ohne daß gesichert ist, daß der dort erwähnte mit dem historischen Thrasymachos identisch ist. Er wurde vermutlich nach 460 v. Chr. geboren und starb nach 399 v. Chr. Er besaß nicht die athenische Staatsbürgerschaft und durfte daher nicht in den großen Volksversammlungen sprechen.

Sein Philosophieren galt der Staatsverfassung einerseits und der Frage nach der Möglichkeit und dem Nutzen der Gerechtigkeit andererseits, die im vorliegenden Buch im Kapitel »Wandel der Normen. Thrasymachos versus Sokrates: Gerechtigkeit und Ungerechtigkeit« dargestellt wird. Auf dem Grabstein des Thrasymachos soll sich eine Inschrift befunden haben, deren

Schluß lautete: »Meine Vaterstadt ist Chalzedon, mein Beruf die Weisheit.«

Antiphon

So wie Thrasymachos die Forderung nach »gerechtem« Verhalten in Zweifel zog, so stellte Antiphon (ca. 480-411 v. Chr.) die von Menschen erlassenen Gesetze in Frage: Im Gegensatz zu diesen Nomoi, die die Freiheit des einzelnen einschränkten, seien die Gesetze der Natur, d.h. die Physis, notwendig. Die Thesen, die er in diesem Zusammenhang ausbreitet, finden sich in dem 1915 gefundenen Fragment *Über die Wahrheit*[31], das ihn gemeinsam mit weiteren, 1922 gefundenen Fragmenten als eigenständigen Denker ausweist.

Ob der Sophist Antiphon mit dem Rhetor und Politiker Antiphon aus Rhamnus identisch ist, ist bis heute umstritten.

Ausführlich wird Antiphons Kritik am Nomoi in dem Kapitel »Wandel der Normen. Antiphon: Kritik der Rechtsordnung und Stellung der Frau« erläutert.

Kritias

Zu denjenigen, die überkommene Werte in Frage stellten, gehörte auch Kritias (ca. 455-403 v. Chr.): In seinem Satyrspiel *Sisyphos* hatte der Onkel Platons und Schüler von Gorgias und Sokrates die Furcht vor den Göttern als etwas dargestellt, das von den Menschen selbst erfunden worden sei, um den anderen daran zu hindern, im Verborgenen etwas Böses zu tun.[32]

In zentralen Fragen weicht jedoch Kritias' Leben ebenso wie sein Gedankengut von dem der übrigen Sophisten ab: Als

Anführer der »dreißig Tyrannen« war der Sohn einer Adelsfamilie maßgeblich mitverantwortlich dafür, daß während des achtmonatigen Terrors nach dem Sturz der Demokratie im Jahr 404 v. Chr. 1500 demokratisch gesinnte Bürger Athens zum Tod durch den Giftbecher verurteilt wurden. Außerdem trat er nicht als Lehrer der Rede auf, sondern nutzte die Kenntnisse, die er bei Gorgias und Sokrates erworben hatte, für seine politischen Ziele. Von seinem Werk sind uns zumeist nur die Titel der einzelnen Schriften erhalten. Er tritt jedoch in verschiedenen Dialogen Platons auf.[33]

Kallikles

Sophistische Positionen werden von Platon in seinem Dialog *Gorgias* auch der Figur des Kallikles zugeschrieben. Wir wissen jedoch nicht, ob sich dahinter eine reale Person verbirgt.[34]

Bei Platon vertritt er die These, Gerechtigkeit sei das Recht einzelner, sich auf Kosten der anderen durchzusetzen.

Euthydemos und Dionysodoros

Bei diesen Denkern handelt es sich um zwei aus Keos stammende Brüder, die zunächst in die unteritalische Stadt Thurioi gingen, für die Protagoras eine Verfassung ausgearbeitet hatte. Sie wurden von dort vertrieben und zogen anschließend mit großer Anhängerzahl durch Griechenland. Laut Platon gilt, daß Euthydemos den Satz des Protagoras (»Der Mensch ist das Maß aller Dinge«) so verstand, daß allen Menschen alles auf gleiche Weise und zu jeder Zeit zukomme.[35]

Der Anonymus Iamblichi

Bei dem Namen Anonymus Iamblichi handelt es sich um eine Verlegenheitsbezeichnung für einen Text, der eine Position vertritt, die das auf Konventionen beruhende Recht gegenüber Tendenzen verteidigt, die es — wie etwa Antiphon — zugunsten natürlicher Gegebenheiten nicht gelten lassen wollen. Es ist indessen nicht gelungen, den zweifellos sophistischen Text auch einem bestimmten Autor zuzuordnen.

Dissoi Logoi

Bei den *Dissoi Logoi* (Doppelargumente) handelt es sich um eine anonyme Schrift, die nach dem Ende des Peloponnesischen Krieges, also um 400 v. Chr. verfaßt wurde.[36] In einem Pro- und-Contra-Verfahren, das auf dem Vorgehen des Protagoras fußt, werden hier Beispiele für Gutes und Schlechtes, Wahres und Falsches, Schönes und Schändliches diskutiert.

Corpus Hippocraticum

Die Sammlung medizinischer Schriften mit dem Namen *Corpus Hippocraticum* wird heute als ein noch zu erforschendes Gebiet sophistischer Argumentation angesehen[37], da sie sich kritisch mit den Positionen der Sophisten im Bereich der Medizin auseinandersetzt. So wird beispielsweise im 20. Kapitel der Abhandlung *Von der alten Medizin* die Ansicht von Ärzten und Sophisten verworfen, daß für die Medizin ein Wissen vom Menschen erforderlich sei. Statt dessen seien die Kenntnis individueller Krankheiten und individuelle Fallstudien nötig.

Der Vortrag »Über die Heilkunst« des *Corpus Hippocraticum* stammt vermutlich unmittelbar von einem Sophisten. Im Kontext der Besprechung der Ursachen und der Erkennung innerer Krankheiten läßt der Verfasser deutlich werden, daß Wahrnehmen und Denken keine Gegensätze bilden wie in der Philosophie des Parmenides und seiner Nachfolger: Von wahrgenommenen Anzeichen von Erkrankungen aus könne korrekt auf nicht unmittelbar sichtbare Bezüge geschlossen werden. Hier teilt der Verfasser wahrscheinlich die Position des Protagoras und geht von einer jedem zugänglichen Welt der Phänomene aus. [38]

In den meisten Fällen wissen wir über das Denken der einzelnen Sophisten so wenig Zusammenhängendes, daß wir Autoren oder Autorschaft, ähnlich wie Michel Foucault in anderem Zusammenhang vorschlägt, eher als einen Teil des Stoffs oder der Argumentation (des Logos) selbst auffassen sollten. [39] In den nachfolgenden Kapiteln sind die Ausführungen dementsprechend unter thematischen Gesichtspunkten zusammengefaßt.

Sokrates

Dank vieler Kunstgriffe Platons gilt Sokrates (ca. 470-399 v. Chr.) als stets siegreicher Gegner der Sophisten. Andererseits ist er von seinen Zeitgenossen, besonders von dem Komödiendichter Aristophanes in der Komödie *Die Wolken*, die freilich vor allem unter Gesichtspunkten der Komik zu betrachten ist, jedoch als ein spitzfindiger Sophist wahrgenommen worden, der sich für Naturwissenschaft interessierte und Unterricht gegen Bezahlung erteilte. [40]

Angenommen, daß wir dies nicht wüßten: Inwiefern kann Sokrates dennoch zu den Sophisten gerechnet werden? Offenbar in zweierlei Sinn: einmal soziologisch, denn er befand sich in beständigem Gespräch mit den Sophisten, und zum anderen begriffsgeschichtlich, denn Sokrates ist nicht in einem sokratischen, sondern in einem vorsokratischen Sinn Sophist gewesen. Danach war Sophist, wer sich weniger mit naturwissenschaftlich-spekulativen Problemen als mit politischen Fragen und Problemen der praktischen Philosophie beschäftigte. [41] Über die Frage, wie Sokrates in den Dialogen Platons in einen so offensichtlichen Gegensatz zu den Sophisten geraten konnte, gibt Gernot Böhme Aufschluß:

»In der zweiten Hälfte des 5. Jahrhunderts waren die Sophisten Einzelerscheinungen, die dem öffentlichen Bedarf nach höherer Bildung entsprachen. Sie waren noch keine Institution. Viele von ihnen kamen nur periodisch in die Stadt. So etwas wie sophistische Schulen gab es noch nicht. [...] Das änderte sich Anfang des 4. Jahrhunderts. Hier entstanden regelrechte sophistische oder Rhetorenschulen, und auch die Schüler des Sokrates, insbesondere Platon, gründeten feste Institutionen, deren berühmteste Platons Akademie ist. In dieser Situation entstand zwischen den Schulen eine institutionelle Konkurrenz. Erst im Zuge dieser Konkurrenz kam es zu einer Sprachregelung, die Philosophen von Sophisten unterschied. Ein Spiegel davon ist die schroffe Entgegensetzung, die Sokrates in den Platonischen Dialogen von den Sophisten scheidet. Historisch gesehen war er sicherlich anders als die anderen Sophisten, aber damit doch nur ein besonderer Sophist.« [42]

Sokrates unterschied sich jedoch von den Sophisten unter anderem dadurch, daß er nicht auf Seiten eines Gemeinschaftsverständnisses stand, dessen prominenter Sprecher Perikles sagen konnte: »Frei leben wir miteinander im Staat und im gegenseitigen Geltenlassen des alltäglichen Treibens.« [43]

Wenn Sokrates bei Platon weder eine reine Kunstfigur noch auch eine historische Gestalt gewesen ist, sondern wenn Platon Sokratisches und Platonisches Gedankengut mit dem Namen »Sokrates« verwob [44], dann lassen sich grob folgende Gemeinsamkeiten und Verschiedenheiten zwischen Sokrates und den Sophisten zusammenstellen: Wie die Sophisten kritisiert Sokrates den überlieferten Götterglauben, wie sie wendet er sich von naturphilosophischen Fragen ab und beschäftigt sich mit anthropologischen und ethischen Problemen. Im Unterschied zu den Sophisten endet er jedoch bei der Suche nach festen Definitionen für die menschliche Seele und für das Gute und unterstellt die Existenz moralischer Tatsachen. Der Weg des philosophischen Denkens ist für ihn das Zwiegespräch, während die Sophisten an der Kunst öffentlicher Rede orientiert bleiben. [45]

2. Bedeutungsverschiebungen von Schlüsselwörtern

Aus der griechischen Philosophie sind unter anderem drei Schlüsselwörter überliefert, die als Lehnwörter, wenngleich mit einem gewissen Bedeutungswandel, in unsere Sprache eingegangen sind. Es handelt sich um die Begriffe Logos, Physis und Nomos. Auf Logos gründet sich »Logik«, womit wir gemeinhin Rationalität und Vernunft verbinden; mit Physis verbinden wir die Wissenschaft der Physik, und Nomos erscheint in dem in der Wissenschaftstheorie gerne verwendeten Adjektiv nomologisch, d. h. gesetzesartig, regelförmig. Die Sophisten haben dazu beigetragen, diesen Wörtern einen spezifischen Sinn zu geben. Das Verständnis der Sophistik schließt daher ein, jene Stellen zu markieren, mit denen sich die genannten Denker in das Verständnis zentraler philosophischer Begriffe eingeschrieben haben.

Logos

Die Bedeutungsangaben für das Stichwort »lógos« in Wörterbüchern des Griechischen erbringen für Laien diejenige Unübersichtlichkeit, die beinahe zur Unbenutzbarkeit des Begriffs führt. Drei Aspekte der Verwendung lassen sich grob unterscheiden: Logos meint zum einen das Wort, zum anderen Gedanke und schließlich Vernunft. Aber diese Unterscheidung läßt nicht erkennen, ob und wie die verschiedenen Bedeutungen zusam-

menhängen. Es ist die Begriffsgeschichte von Logos, die hier wei-
terhelfen kann. Schematisch gefaßt, enthält sie für die Entwicklung des Wortes, bevor die Philosophen es aufgegriffen haben,
folgendes:

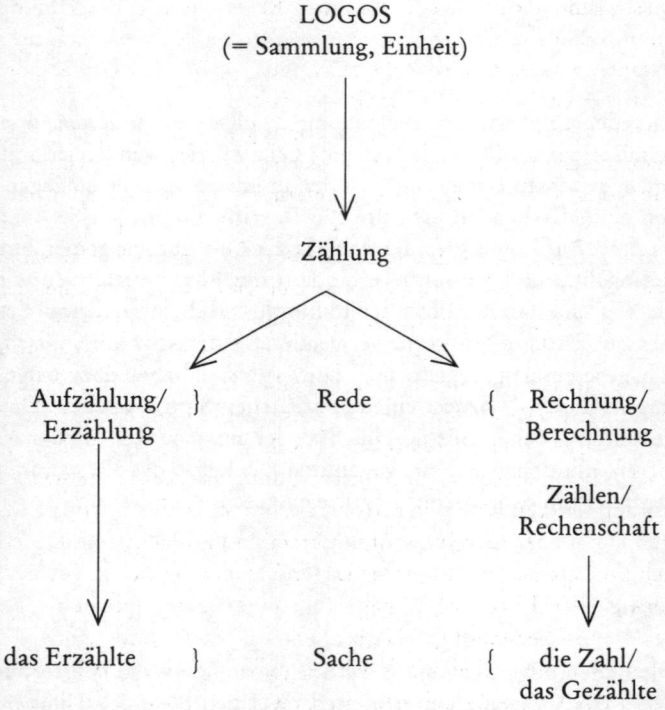

LOGOS
(= Sammlung, Einheit)

Zählung

Aufzählung/ } Rede { Rechnung/
Erzählung Berechnung

Zählen/
Rechenschaft

das Erzählte } Sache { die Zahl/
das Gezählte

Das Wort Logos unterlag danach in seiner Bedeutungsgeschichte
zwei großen Veränderungen. Die Grundbedeutung besagte
»Sammlung«, Zusammenfassung von vielem zu einem Ganzen,
d.h. Einheit. In einer ersten Veränderung erfolgte eine Verengung
dieser Bedeutung auf »Zählung«. »Einheit« in einem allgemeinen

Sinn wurde nunmehr als Einheitsbestimmung mit Hilfe des Zählens aufgefaßt. Diese aber entwickelte sich in einer zweiten grundlegenden Veränderung in zwei Richtungen: einerseits in die Richtung von »Erzählung«, d.h. der Wiedergabe von Ereignissen, und andererseits in Richtung Rechnung und Berechnung. In unserem Zusammenhang ist vor allem die Entwicklung interessant, an deren Ende der Begriff Logos sowohl den Vorgang des Erzählens als auch das Erzählte selbst meint. [46]

Mit dieser Verwendung von Logos hängt die Neigung zum semantischen Realismus der griechischen Denker zusammen: Gesagtes, so wurde unterstellt, entspricht der Wirklichkeit.

Der eigentliche Denker des Logos vor der Sophistik war Heraklit (ca. 550-ca. 480 v.Chr.). Wir besitzen eine Äußerung, die vielleicht seine philosophischen Bemühungen zusammenfaßt und dabei zugleich zwischen der Sache, dem Autor Heraklit und den Alltagsmenschen unterscheidet: »Haben sie nicht mich, sondern den Logos vernommen, so ist es weise, dem Logos entsprechend zu bemerken, daß alles eins ist.« (DK 22 B 50) Der Logos ist demnach ein Universelles, eine Weltvernunft, die alles Verschiedene zusammenfaßt. Es kommt darauf an, der Sache des Logos zu folgen, nicht aber dem Individuum Heraklit und nicht dem Durchschnittsverstand der Menschen. Heraklit wendet sich mit seinem universellen Logosbegriff gegen ein anderes, von ihm abgelehntes Logos-Verständnis, das schlicht die Rede eines einzelnen Menschen meint. Demnach wäre es nicht korrekt, aus »Heraklit sagt, daß der Logos universell ist«, zu folgern, daß es der Fall ist, daß der Logos universell ist. Für Heraklit steht dagegen fest, daß der universelle Logos (also die universelle Vernunft), auch wenn er von Heraklit oder einem anderen Individuum ausgesprochen wird, dennoch universell bleibt. Die Mehrzahl der Menschen, argumentiert Heraklit, handele jedoch nicht, als könne sie über universelle Vernunft verfügen. »Obwohl der Logos universell ist, lebt die Mehrzahl, als besäße sie eine Eigen-Vernunft.« (DK 22 B 2) Die Haltung der Mehrheit gegenüber dem allumfassenden Logos führt Heraklit auf deren Unwissenheit zurück, und er scheut kein Mittel, um diese Unwissenheit anzuprangern. Als wirksamstes Mittel erweist sich dabei die Komik des Sarkasmus: »Tritt ein Logos-Argument auf den Plan, so fahren die Dummen jedesmal erschreckt zusammen.« (DK 22 B 87)[47]

Aus einem ähnlichen Grund wie die gerade erwähnten Widersacher des Heraklit lehnten auch die Sophisten dessen Logosphilosophie ab. Indem er den Begriff Logos im Sinne von Meinung benutzte, soll Protagoras einmal behauptet haben: »Über jede Angelegenheit (pragma) gibt es zwei einander entgegengesetzte Logoi.« (DK 80 B 6 a) Er nimmt damit etwas von derjenigen Semantik auf, die Heraklit bekämpft und lächerlich gemacht hatte: Logos wird verstanden als Ansicht, als beliebiger Anspruch eines beliebigen Urteils, als Behauptung. Dies schließt die Möglichkeit von Gegenbehauptungen ein. Kannte der Logos des Heraklit als universelle Vernunft kein Gegenteil, war er Einheit der Welt, so provoziert er bei Protagoras Gegenteiliges offenbar geradezu.[48] Aber damit nicht genug: Behauptungen, die auf Gegenbehauptungen treffen, führen zum Kampf. Dieser entscheidet über Schwächen und Stärken: »Es gilt, daß der schwächere Logos als stärkerer hervorgebracht wird.« (DK 80 B 6 b) Wie aber läßt es sich erreichen, daß die schwächere Behauptung zur stärkeren wird? Dazu bedarf es laut Protagoras des Hervorbringens (poieín).[49] Er spielt damit offenbar auf die Fähigkeit des Sophisten an, schwächere Argumente, ja unter Umständen sogar aussichtslose Anliegen in der Volksversammlung oder vor Gericht so darzustellen, daß sie sich als die stärkeren Argumente erweisen. Laut Platon war es Gorgias, der bekannte, es sei das wahrhaft größte Gut, über andere mittels Worten (tois lógois) auf dem Wege des Überredens (peíthein) zu herrschen.[50] Derselbe Gorgias schrieb auch: »Die Rede (lógos) ist ein großer Bewirker; mit dem kleinsten und unscheinbarsten Körper vollbringt sie göttlichste Taten: vermag sie doch Schrecken zu stillen, Schmerz zu beheben, Freude einzugeben und Rührung zu mehren.«[51] Der Logos, mit dem kleinen Organ der Zunge artikuliert, ist *die* Beeinflussungskraft im intersubjektiven Verhältnis und im Kampf der Behauptungen. An Stelle der Beliebigkeit der Meinung hatten die Sophisten im Logos die Kraft der Beeinflussung entdeckt. Inwiefern es sich dabei um Einflußnahme statt um — wie von Platon in seinem Dialog *Gorgias* unterstellt — Macht handelt, wird später in dem Kapitel »Die Sophistik als vergessene Art der Kunst« dargelegt werden.

Physis

Das Wort »phýsis« wird gern mit »Natur« übersetzt. Es gehört zu einer Wortgruppe, deren Infinitiv »phýesthai«, »wachsen«, lautet. Folglich könnte »phýsis« auch mit »wachsende, schaffende Natur«, mit »Werden« oder »Wuchs« übersetzt werden. Nun ist jedoch von dem englischen Forscher G.S. Kirk gezeigt worden, daß die frühgriechischen Denker das Wort nicht in dieser Bedeutung verwandten; es ist vielmehr in diesem Sinn weitgehend auf die spätere Philosophie des Platon oder Aristoteles beschränkt.[52]

Das vorsophistische Verständnis des Begriffs »phýsis« macht uns erneut ein Zitat Heraklits deutlich: »Die Physis liebt, sich zu verbergen.« (DK 22 B 123) Gemeint ist damit nicht, daß es ein Drängen, ein Werden gibt, eine schaffende Natur, die sich der Zudringlichkeit unseres Beobachtens entzieht. Heraklit scheint es, soweit wir heute ermessen können, viel schlichter gemeint zu haben: Die wahre Beschaffenheit der Welt ist so geartet, daß sie schwer zugänglich ist, die Wahrheit ist verborgen. Und wie für den Logos-Begriff des Heraklit gilt: Es gibt nach seinem Verständnis keinen Gegensatz zur Physis. Denn der Gegensatz zu »tatsächlicher Beschaffenheit der Welt« kann nur »Schein« bedeuten, d. h. eine Minderung an Sein und Erkennbarkeit.

Die Sophisten führen jedoch einen gänzlich anderen Begriff von Physis ein: Durch sie wird Physis das Gegenteil zu Nomos, d. h. zu dem, was von Menschen als Gesetz aufgestellt wurde und in Gesellschaften gilt. Der Begriff Physis bezeichnet für sie das Gesetz der Natur.

Für Antiphon sind die Gebote der Physis notwendig, gewachsen und nicht vereinbart (DK 87 B 44 A). Er folgert daraus, daß sie für den Menschen nützlich seien, ja nützlicher zum Beispiel, als der Mensch es sich von der Befolgung der Staatsgesetze erhoffen könne. Aus dem Überlieferungszustand wird allerdings nicht klar, wie sich Antiphon das Verhältnis von Physis und Staatsgesetzen genau gedacht hat. Ersichtlich ist nur, daß die Verfolgung der Gesetze der Physis Vorteile für die Menschen bringen soll.

Deutlicher wird in dieser Hinsicht ein anderer Sophist, dessen Existenz allerdings, wie zuvor bereits bemerkt, historisch nicht belegbar ist: der nur in Platons Dialog *Gorgias* auftretende Kallikles. Platon läßt ihn dort unter anderem folgendes sagen:

»Die Physis selbst aber zeigt dasselbe auf, daß der Bessere mehr hat als der Schlechtere und der Fähige mehr als der Unfähige. Sie zeigt aber vielfältig, daß es sich so verhält, sowohl an den übrigen Lebewesen als auch an ganzen Staaten und Menschengeschlechtern, daß das Gerechte so beurteilt wird, daß der Bessere/Stärkere (ho kréitton) den Schlechteren/Schwächeren (ho hésson) beherrscht und mehr hat. Denn nach welchem Gerechten führte Xerxes Krieg gegen Hellas oder sein Vater gegen die Skythen? Und tausend anderes dieser Art könnte angegeben werden. Sie tun dies, meine ich, gemäß der Physis des Gerechten und, beim Zeus, gemäß dem, was kraft der Physis gilt, aber gewiß nicht gemäß dem, was wir festlegen. Wir formen die Besten und Kräftigsten von uns von Kindheit an, wir zähmen sie wie Löwen, wir umstricken und täuschen sie und unterwerfen sie uns, indem wir ihnen sagen, daß es auf Gleichheit ankomme und daß darin das Angemessene und Gerechte besteht. Aber ich denke, wenn ein Mann entsteht, der die nötige Physis besitzt, der schüttelt all das ab und zerbricht es, entweicht, zertritt unsere Blendwerke, Beschwörungen, unsere physiswidrigen (pará phýsin) Satzungen, steht, unser Knecht, als unser Herr da: Da leuchtet das Gerechte der Physis auf.«[53]

Diese schneidige Attacke gegen die Konventionalität von Moral setzt ein Gerechtes der Physis einem Gerechten der (bloßen) Satzung entgegen. Die Satzung will: Alle Menschen sind als gleich zu betrachten. Die Physis dagegen besagt: Einzelne sind durchaus nicht den übrigen gleich; und diese einzelnen haben das Recht, das zu tun, was ihnen beliebt, und zwar ohne jegliche Rücksicht auf die Satzungen, die für die übrigen gelten. Die Physis ist *die* Daseinsberechtigung der Stärkeren. Sie setzt außer Kraft, was für Menschen kraft Konventionen gilt. Friedrich Nietzsche war im 19. Jahrhundert von einer vergleichbaren Ansicht fasziniert[54], und der deutsche und italienische Faschismus haben mit ihrem Kampf gegen die Rechtsgleichheit aller Bürger de facto die Ansicht des Kallikles bestätigt.

Wer aber weiß (und nach welchen Kriterien), wer »schwach« oder »stark« ist? Der erste, der für ein Existenzrecht der Starken eintrat, war zugleich der erste, bei dem wir hierauf keine Antwort finden: Kallikles. Er lieferte keine positiven Bestimmungen der Physis, die uns in die Lage setzten, die »Starken« auch als solche zu erkennen bzw. zu entscheiden, ob es solche Menschen überhaupt geben kann. Nun haben freilich keineswegs alle Sophisten dem Recht der Physis den Vortritt gegenüber dem gesetzten Recht – dem Nomos – gegeben. Gemeinsam war ihnen jedoch die Verwendung des Begriffs »physis« im Sinne eines naturgegebenen Rechts.

Nomos

Trotz des vehementen Plädoyers für das Recht des Starken bleibt in der bisherigen Darstellung unklar, wie die Physis die Vormachtstellung des Starken legitimieren soll. Und tatsächlich gibt es sophistische Positionen, die eine auf Naturgesetze gegründete Macht nicht für beständig halten: Der Anonymus Iamblichi diskutiert, ob ein Mann »mit einer Seelenstärke aus Diamant« gegen das gesetzte Recht leben könne. Die Antwort fällt eindeutig negativ aus: Ein solcher »Übermensch« könnte nicht überleben (sózein), es sei denn, er stellte seine Kräfte dazu zur Verfügung, daß Recht und Gesetz gefördert werden. Stärke ist demnach nur Stärke innerhalb einer gesetzten Ordnung, innerhalb des Nomos, Physis wird Teil des Nomos, oder sie wird zerstört.

Im Denken des Heraklit unterstehen Nomoi, die konkreten politischen Satzungen, der universellen Vernunft, dem Logos.

»Um beim Reden Verständiges zu bemerken, muß man sich stützen auf das dem All Gemeine, wie auf das Gesetz die Stadt sich stützt, und viel stärker noch. Nähren sich doch alle menschlichen Gesetze von dem einen, dem Göttlichen: das herrscht, soweit es will, und reicht hin im All und setzt sich durch [perigígnetai: gewinnt die Oberhand, behauptet sich].«[55] Der Nomos erscheint hierbei als ein Äquivalent des Logos im Heraklitischen Sinn der universellen Einheit der Welt. Einen solchen Nomosbegriff kennen die Sophisten nicht mehr. Ihr Nomos-Verständnis ist konventionalistisch: Gesellschaftlich bindende Kräfte bestehen demgemäß nicht von Natur, sondern wurden von Menschen für Menschen aufgestellt.

In der Zeit der Sophistik bestanden offenbar drei Bedeutungen von Nomos nebeneinander. Dies geht aus der Tragödie *Antigone* von Sophokles (ca. 496-ca. 416 v. Chr.) hervor. In diesem Stück wird Nomos in folgenden, z.T. miteinander in Konflikt geratenden Bedeutungen verwendet: als traditionelle Ordnung, d.h. als »Gesetze des Landes« (V. 386), als bloße Satzungsgeltung, d.h. als die Gebote Kreons (V. 449) und schließlich als die — Heraklit entsprechenden — »ungeschriebenen und unwandelbaren Gesetze (nómima) der Götter«, auf die sich Antigone beruft (V. 454 f.).[56] Der dritte Sinn gilt jedoch für die Sophisten nicht mehr.

3. Die Sophistik als Aufklärung?

Die Sophisten akzeptieren, wie im Kapitel »Die Bedeutungsverschiebung von Schlüsselwörtern. Nomos« gezeigt wurde, die Bedeutung von »nómos« als göttliches Gesetz nicht mehr. So verschieden ihre Ansprüche, Interessen und Leistungen auch gewesen sein mögen, so scheinen sie doch alle übereinzukommen in der Auffassung, daß man sich auf »ungeschriebene und unwandelbare Gesetze der Götter« nicht berufen kann, wenn es darum geht, hinreichende Bindekräfte der Vergesellschaftung zu bestimmen. Ein Denken, das sich von religiös begründeten Normen und Werten abkehrt, um nach gesellschaftlichen Begründungen für den Gesellschaftszustand zu suchen, kann als *aufgeklärt* bezeichnet werden.[57]

Nun spricht derjenige, der von aufgeklärtem Denken spricht, dies stets vor dem Hintergrund der Erfahrung der Aufklärung des 18. Jahrhunderts. Der Begriff Aufklärung scheint mit dem Selbstverständnis jener Epoche und mit Namen wie Voltaire, d'Alembert, Diderot, Rousseau u. a. unzertrennlich verbunden zu sein. Die Aufklärer dieser Zeit scheinen an den Sophisten jedoch kein besonderes Interesse gefunden zu haben, ganz zu schweigen davon, daß Protagoras, Gorgias, Hippias und die übrigen von den Aufklärern des 18. Jahrhunderts als Vorläufer oder gar als Vorbilder betrachtet worden wären. In der 1765 erschienenen *Encyclopédie ou Dictionnaire raisonné des Sciences, des Arts et des Métiers* wird im Artikel »Sophiste« treffend bemerkt: »Der Ausdruck *Sophist*, der jetzt ein Vorwurf ist, war früher ein Ehrentitel und führte eine ganz und gar unschuldige Vorstellung mit sich.«[58] Diese Beobachtung hindert jedoch nicht, daß über Protagoras und Gorgias in demselben Artikel geurteilt wird, sie hätten aus der *Sophistik* »ein infames Handwerk gemacht, indem sie Beredsamkeit für Geld verkauften«. So gesehen ist es also ein Anachronismus, die Sophistik als Aufklärung zu verstehen, es scheint nicht viel gewonnen, wenn man die Sophisten in einer Optik wahrnimmt, die sie als erste Aufklärer versteht. Statt dessen wird hier vorgeschlagen, sophistisches Gedankengut, das sich in ähnlicher Weise in der Aufklärung wiederfindet, genauer zu beleuchten. Nach heutiger, wissenschaftlich fundierter Ansicht, war die moderne Aufklärung durch fünf Merkmale in entscheidender Weise geprägt: Es handelt sich erstens um eine naturrechtliche Begründung politischer und juristischer Normen. Nicht faktisch geltende und durch Tradition legitimierte Normen sollen bestimmend sein, sondern natürliche Bestimmungen des Menschen, die Freiheit, Gleichheit und Brüderlichkeit verlangten. Jean-Jacques Rousseau, der bekannteste Verfechter der Rückkehr zur Natur als Normenquelle, hat sich jedoch in diesem Zusammenhang ausdrücklich gegen die Abschaffung gesellschaftlicher Institutionen verwahrt. Die Abschaffung von Institutionen, so Rousseau, liefe auf die bloße Ersetzung der bestehenden Korruption durch ein anderes Übel, d. h. auf Gangstertum (brigandage) hinaus. Es ist offenkundig, daß die Sophistik sich mit der naturrechtlichen Begründung politischer und juristischer Normen des 18. Jahrhunderts nicht nur vergleichen läßt, sondern daß sie, wie die erwähnten Physis-Nomos-Bezüge erkennen lassen, den historisch ersten Versuch einer naturrechtlichen Begründung von Macht unternommen hat. Die Sophisten befanden sich jedoch in einem politischen und historischen Kontext, der erheblich von dem abwich, was die Aufklärer des 18. Jahrhunderts vorfanden. Diese lebten in einer Zeit, in der die absolute Monarchie nahezu überall in Europa die gängige Staatsform war. Die Monarchie wurde entweder theologisch durch Gottesgnadentum begründet oder in »aufgeklärter« Form durch Vertrag, der zugleich eine unantastbare Herrschaftsvollmacht des Monarchen beinhaltete. Die Gegenentwürfe der Aufklärer gingen zumeist in Richtung auf die Konstitution einer Volkssouveränität, konnten aber auch – wie im Fall William Godwins – Individualismus und Anarchismus befürworten. Unabdingbare Voraussetzung für ihr Denken war die Annahme, daß der Mensch von Natur aus gut sei.

Die Sophisten befanden sich dagegen in einer Situation, in der sie nach Grundlagen für die Praxis einer »direkten« Demokratie suchten, die in Athen und anderen Städten gelebt wurde, ohne daß diese an universell geltende Werturteile hätte gebunden werden können, weil es derartige Werte nicht gab. Ihr Denken war entsprechend unbefangener als das der späteren Aufklärer. Was daraus für den Physis-Nomos-Gegensatz folgte, wurde bereits beschrieben: Die Physis konnte offenbar – wenn wir das, was Platon Kallikles sagen läßt, ernst nehmen dürfen – als Rechtstitel für eine Ermächtigung von Starken verstanden werden, für die die Normen der übrigen Gesellschaft keine Gültigkeit besaßen. Dieses Gedankenexperiment scheint das Denken der Sophisten jedoch nicht dahin geführt zu haben, daß ihre Naturrechtsreflexionen in antiegalitäre und demokratiesubversive Argumente umschlugen: Der »Starke mit einer Psyche aus Diamant« müßte sich, so forderte der Anonymos Iamblichi, in den Dienst des Nomos stellen, weil er andernfalls der Mehrheit unterliegen würde.

Ein zweites Merkmal der Aufklärung des 18. Jahrhunderts ist ihr Konzept einer natürlichen Religion, das Vernünftigkeit und Duldsamkeit der Religionen untereinander einschließt: das Konzept des Deismus. Gott wird danach als Urheber der Natur verstanden, und die Vernunft der Menschen versetzt sie in die Lage, die sittlichen Vorschriften dieses Urhebers erfüllen zu können. Die Annahme göttlicher Offenbarung ist für dieses Denken nicht unbedingt erforderlich, aber sie ist doch hilfreich.

Die Ausgangssituation der Sophisten war auch hier eine grundsätzlich andere: Die Götter Griechenlands besaßen keine Priester, ein Individuum konnte zugleich mehrere Götter verehren, fremde Gottheiten wurden geduldet, und es gab kein einzelnes heiliges Buch, vielmehr beglaubigten Dichter das Wirken der Himmlischen. War der Deismus der späteren Aufklärer ein Schritt fort vom Kampf der Konfessionen, so unternahmen die Sophisten 2300 Jahre zuvor einen Schritt hin zu mehr Freiheit und Distanz von der bereits sehr toleranten griechischen Religion. Sie bestritten, daß man über die Götter überhaupt etwas wissen könne, oder sie leugneten sogar deren Existenz. [59] Der römische Autor Cicero erwähnt im Zusammenhang mit Protagoras, der ein Wissen von den Göttern nur bezweifelte, den Dichter Diagoras von Melos (zweite Hälfte des 5. Jahrhunderts v. Chr.), der an überhaupt keine Götterexistenz glaubte. [60] Dieser Diagoras von Melos liefert uns einen besonders amüsanten Atheismus, der vermutlich auch den Sophisten nicht unbekannt und nicht fremd gewesen ist. Diagoras soll eine Holzstatue des Herkules mit der Bemerkung ins Feuer geworfen haben: »Geh hin und vollbringe deine dreizehnte Arbeit, indem du uns das Frühstück kochst!«, und als man ihm auf der Insel Samothrake die vielen Weihegeschenke zeigte, die von denen gestiftet worden waren, die göttliche Hilfe aus Seenot gerettet hatte, bemerkte er, es wären sicher noch viel mehr Weihegeschenke zu sehen, wenn auch diejenigen gespendet hätten, die bei dem Schiffbruch ertranken. Schließlich soll das Schiff, auf dem er reiste, in einen Sturm geraten sein. Die Schiffsleute behaupteten, das sei nun die Strafe dafür, daß sie ihn mit an Bord genommen hätten. Er aber zeigte auf andere, ebenfalls in Seenot geratene

Schiffe und konterte: »Glaubt ihr, daß auf diesen Schiffen auch Diagoras fährt?«[61]

Ein drittes Kennzeichen der europäischen Aufklärung läßt sich als Ersetzung der Metaphysik, der Lehre vom göttlichen Seienden, durch Erkenntniskritik bezeichnen. Der kürzeste Prozeß wird der Metaphysik in der schon zitierten *Encyclopédie* von 1765 in dem winzigen Artikel »Metaphysique« gemacht: Metaphysik, heißt es da, sei die Wissenschaft von den Gründen der Dinge. Weil aber alle, die Maler, die Dichter, die Musiker, die Geometer, Gründe benötigten, hätte jeder seine eigene Metaphysik. Die philosophische Ontotheologie jedoch sei leer und eine »verächtliche Wissenschaft«. Im Hinblick auf die Metaphysik gilt erneut, daß die Sophistik sich in einer ganz anderen Situation befand als die späteren Aufklärer. Diese wollten sich von der Metaphysik befreien, jene aber kannten die Metaphysik im engeren Sinn, da diese erst später von Platon und Aristoteles entwickelt wurde, noch nicht. Das aber hinderte sie nicht, sich gleichfalls für Erkenntniskritik zu interessieren. Die Fragestellungen der vorsophistischen Philosophen galten der Natur, dem Kosmos und dem Seienden. Versteht man diese Fragestellungen als metaphysische Ansätze im weiteren Sinn, so darf man auch die Sophistik als Versuch der Ablösung von metaphysischen Problemstellungen beurteilen. In ähnlicher Weise wie die späteren Aufklärer fragten sie: Was können wir Menschen wissen? Wie weit reicht unser Erkennen? Protagoras zum Beispiel begründete die Nichterkennbarkeit der Götter damit, daß sie nicht wahrnehmbar seien und daß das Menschenleben für eine Erkenntnis der Götter zu kurz ausfalle (DK 80 B 4).

Zu einem vierten Merkmal der Aufklärung im 18. Jahrhundert fehlt in der Sophistik im Grunde eine Entsprechung. Es handelt sich um die grundsätzliche Neuorientierung der Naturwissenschaft: Die Physik hatte sich vor Galileo Galilei und Isaac

Newton vor allem an der Naturerklärung des Aristoteles orientiert. Danach wurde Bewegung als zielgerichtetes Phänomen verstanden. Die neuzeitliche Physik verabschiedete dieses Erklärungsmodell und ersetzte es durch Kausalität. Die Aufklärer, die selbst keine Naturwissenschaft betrieben, setzten sich für dieses mechanische Weltmodell ein.

Die Sophisten kannten, da sie vor Aristoteles lebten, dessen teleologische Theorie noch nicht. Es gab zu ihrer Zeit jedoch umfassende, einheitliche Theorien über die Natur, nach denen diese ein gleichartiges, notwendiges Geschehen darstellt und die Materie unendlich teilbar ist. Auch kann man in gewisser Hinsicht von methodischen Vorwegnahmen späterer Wissenschaft sprechen. Das gilt beispielsweise für die Evolutionsbiologie, die Reduktion qualitativer Vorstellungen auf Quantitäten oder die Erweiterung des Zahlbegriffs oder erste Überlegungen zur Mengenlehre in der Mathematik. [62] Für die Beschäftigung mit mathematischen oder naturwissenschaftlichen Fragestellungen bietet das Denken eines Hippias oder eines Antiphon deutliche Belege. Die große Tradition der atomistischen bzw. anaxagoreischen Naturerklärung wurde von ihnen nicht im ganzen aufgegriffen und fortgesetzt. Dies unternommen zu haben, war vielmehr das Verdienst eines Zeitgenossen der Sophisten, d. h. des Philosophen Demokrit (ca. 460-ca. 370 v. Chr.).

Die europäische Aufklärung besitzt noch ein fünftes Merkmal: Sie hat erstmals eine Theorie des Ästhetischen konzipiert, nach der das Schöne unabhängig von Maßstäben des Sozialen bzw. der empirischen Erkenntnis zu beurteilen ist. [63] D. h., um urteilen zu können, daß zum Beispiel ein Drama ästhetisch stimmig ist, ist es nicht erforderlich, daß die Akteure dem Adel angehören. Oder: Um zu urteilen, daß bestimmte Gemälde schön sind, ist es nicht erforderlich, daß die gezeigten Gegenstände unsere Kenntnisse erweitern.

Wie steht es zwischen der Sophistik und der Kunst? Dieser Frage wurde bisher relativ wenig Beachtung geschenkt, nicht zuletzt wohl, weil man gewöhnlich den Beginn alteuropäischen ästhetischen Denkens in Platons Fixierung der Kunst auf »Nachahmung« oder »Repräsentation« (mímesis) sieht. Es gibt jedoch – davon wird später in einem eigenen Kapitel gehandelt – Argumente dafür, daß bereits die Sophistik Elemente eines spezifischen Kunstverständnisses enthielt. Zumindest ist daher die Hypothese erlaubt, daß die Sophistik sich selbst als eine Kunst des Erfolgs verstand, die sie aus der vorhandenen Dichtkunst, vor allem der Tragödie übernahm. Kunst war dabei positiver, wirksamer Umgang mit dem Nichtsein. Das schloß eine Verbindung von Darstellung und Lebenswirklichkeit ein. Im 20. Jahrhundert wurde eine solche Verbindung ausgehend von autonomer Kunst avantgardistisch mehr oder weniger stets nur gefordert, aber im Unterschied zu der kurzen Zeit der Sophistik nicht eigentlich erreicht. Der in der Einleitung zitierte Passus bei Thukydides III, 38 belehrt uns nachdrücklich darüber, in welchem Ausmaß für die Athener im Zeitalter der Sophisten die Rhetorik ein begierig genossenes Augenblickskunstwerk war, das sich die Demokratie genußvoll leistete: »[...] so sucht ihr nach einer anderen Welt gleichsam, als in der wir leben, und besinnt euch dafür nicht einmal auf das Nächste zur Genüge; kurz der Hörlust (akoés hedoné) preisgegeben tut ihr, als säßet ihr im Theater, um Redekünstler (sophistón) zu genießen, und ihr hättet nicht das Heil des Staates zu bedenken.«[64]

Aus der Gegenüberstellung europäischer Aufklärung und Sophistik läßt sich im ganzen zeigen, daß die Aufklärer zu Vereinheitlichungen neigen, was den Sophisten eher fremd ist. Die Aufklärer suchen nach einer einheitlichen natürlichen Religion, sie befürworten eine einheitliche mechanistische Physik und eine einheitliche Theorie des Ästhetischen. All das fehlt bei den

Sophisten. Diese sind statt dessen in anderer Hinsicht unbefangener und radikaler. Ihr Rückgriff auf die Physis ist nicht an das Werturteil gebunden, daß der Mensch von Natur aus gut sei und zum Guten strebe. Und ihre Religionskritik bezweifelt grundsätzlicher als die der Aufklärer — die ein höchstes Wesen außerhalb der Naturwissenschaft für notwendig und sinnvoll hielten —, daß sich über die Götter etwas aussagen läßt. Diese Unterschiede spiegeln auch die verschiedenen Situationen wider, in denen sich Aufklärer und Sophisten befanden. Die Späteren wollten von etwas weggelangen, sie wollten Monarchie und Metaphysik hinter sich lassen. Die Gegenentwürfe aber fielen nicht weniger anspruchsvoll als das zu Überwindende aus. An die Stelle der monarchischen Herrschaft trat eine Volkssouveränität, gepaart mit dem Axiom von der natürlichen Güte des Menschen. An die Stelle der Ontotheologie tritt eine mechanistische Physik, in der alle Bewegungen determiniert sind. Die Sophisten dagegen waren eher darauf bedacht, etwas zu bewahren, nämlich die »direkte« Demokratie ihrer Zeit und mit ihr die Freiheit und dogmatische Ungebundenheit des Denkens, wie es sie seit dem Beginn der Dominanz der Metaphysik vermutlich kaum mehr gegeben hat. Einige Querschnitte durch den pluralen Diskurs der Sophisten sollen dies im folgenden weiter verdeutlichen.

4. Wandel der Normen

Die Erfindung des moralischen Gottes

Gemeinsam ist allen Sophisten ein starkes Interesse an Fragen des Praktischen in der individuellen und der kollektiven Lebensbewältigung. Außer bei Heraklit war die griechische Philosophie an solchen Fragen zuvor nicht interessiert.

Die Zeit der Sophisten wurde von anderer Seite als Krise der Ethik empfunden: Der Komödiendichter Aristophanes erblickte in dem von der Sophistik stark beeinflußten Dramatiker Euripides (ca. 485-ca. 407 v. Chr.) einen Mitschuldigen an der Krise der Moral. In seiner Komödie *Die Frösche* kommt es zu einem Wettkampf zwischen den beiden nach ihrem Tode in der Unterwelt lebenden Tragödiendichtern Aischylos (ca. 525-ca. 456 v. Chr.) – dem Traditionalisten – und dem Neuerer Euripides: Vor dem Agon betet Aischylos zur Göttin Demeter. Dann wird auch Euripides zum Gebet aufgefordert. Der aber bezieht sich auf ganz andere Götter: »Dionysos: Nun opfre du auch Weihrauch! / Euripides: Dankeschön: / Denn andre Götter sind's, die ich verehre! / Dionysos: Besondre, neu geprägt von dir? / Euripides: So ist's. / Dionysos: So bete zu deinen eignen Göttern! / Euripides: O Äther, meine Speise, Zungenspitze / Und du, o Witz, du spürsam feine Nase, / Laßt Wort für Wort mich gründlich widerlegen!«[65]

Nach athenischem Recht galt, wie bereits erwähnt, schon derjenige als Atheist, der andere Götter als die der Stadt anbetete.

Um wieviel mehr mußte dies für Euripides gelten, dessen hier wiedergegebenes Gebet nicht mehr als eine Farce ist. Auf den Atheisten Euripides verweist denn auch ausdrücklich Aristophanes in seiner Komödie *Thesmophoriazusen*.[66] »Aischylos: [...] was erwirkt dem Poeten Bewunderung? / Euripides: Talent und Geschick und moralischer Zweck, begeisterter Eifer, die Menschen / Im Staate zu bessern! / Aischylos: Doch wie, wenn du das / Entgegengesetzte gewirkt hast / Und Menschen, bieder und ehrenwert, in erbärmliche Wichte verwandelt, / Was glaubst du dafür zu verdienen? / Dionysos: Den Tod! Wer wird erst lange fragen?« (V. 1008-1012)

Aristophanes attackiert das Neue, das pädagogisch-politische Gedankengut der Sophisten, im Namen von althergebrachten Werten. Was besagten die Grundlagen der griechischen Ethik seiner Zeit? Um besser zu verstehen, worin die Neuerungen der Sophisten im Bereich der praktischen Philosophie bestanden, sei ein Blick auf die Garanten der überkommenen Ethik, auf die Dichter Homer (8. Jahrhundert v. Chr.) und Hesiod (um 700 v. Chr.) geworfen.

Homers Epen vom Zorn des Achilles (*Ilias*) und von der Heimkehr des Odysseus (*Odyssee*) tradieren lokal geltende Werte. Nur an einer Stelle klingt überhaupt einmal eine Reflexion über eine sittliche Weltordnung an. Moralische Wertungen betreffen nicht Menschen im allgemeinen, sondern Mann und Frau in unterschiedlicher Weise: Homer handelt von den Tugenden der Männer und Frauen jeweils relativ zueinander. Der Wert der Frau wird nach Schönheit, Wuchs und Geschicklichkeit bemessen. Die Frau ist wertvoll unter dem Gesichtspunkt des erotisch-sexuellen Geschmacks des Mannes und seiner Bedürftigkeit in häuslichen Angelegenheiten. Umgekehrt definiert sich der Wert des Mannes durch Mut und Kraft — in archaischen Gesellschaften waren die Frauen essentiell abhängig von der männlichen Verteidigungsfähigkeit. Über diese Wertbestimmungen hinaus gibt es bei Homer gerechte Menschen und gerechtes Tun. Der abstrakte Begriff der »Gerechtigkeit« fehlt jedoch noch. Die Gemeinschaft der Ehe bildet einen besonderen Wert, der um so höher ist, als sie einen Gegenstand von Neid bildet. Ein Passus aus dem sechsten Gesang der *Odyssee* lautet[67]: »Denn nichts ist besser und wünschenswerter auf Erden, / Als wenn Mann und Weib, in herzlicher Liebe vereinigt, / Gütig ihr Haus verwalten: den Feinden ein kränkender Anblick, / Aber Wonne den Freunden; und mehr noch genießen sie selber!« (V. 182-185)

Homers Ethik steht trotz ihrer fehlenden Universalität in einem eigentümlichen Horizont der Differenz von Freiheit und Notwendigkeit. In der *Odyssee* bemängelt Zeus, daß die Menschen sich eine Form von Freiheit anmaßten, die ihnen in der Notwendigkeit des Weltlaufs, über die sie informiert seien, nicht zukomme. So heißt es im ersten Gesang der *Odyssee*[68]:

»Welche Klagen erheben die Sterblichen wider die Götter! / Nur von uns, wie sie schrein, kommt alles Übel; und dennoch / Schaffen die Toren sich selbst, dem Schicksal entgegen, ihr Elend. / So nahm jetzo Aigisthos, dem Schicksal entgegen, die Gattin / Agamemnons zum Weib und erschlug den kehrenden Sieger, / Da wir ihm Hermes sandten, den wachsamen Argosbesieger, / Weder jenen zu töten, noch um die Gattin zu werben. / Denn von Orestes wird einst das Blut Agamemnons gerochen, / Wann er, ein Jüngling nun, des Vaters Erbe verlanget. / So weissagte Hermeias; doch folgte dem heilsamen Rate / Nicht Aigisthos, und jetzt hat er alles auf einmal gebüßet.« (V. 37-42)

Die Fügung »dem Schicksal entgegen« lautet im griechischen Original *hýper móron*. Aigisthos hat das Schicksal nicht beachtet, er hat gegen den Anteil, der ihm bestimmt war, gehandelt. Das Handeln der Menschen steht für Homer im Horizont einer schicksalhaft notwendigen und zuteilenden Abmessung von

Erfolg und Zeit. Auch Zeus kann das Schicksal nur erkunden. Er verwendet dazu eine goldene Waage und wirft – zum Beispiel vor dem Zweikampf zwischen Achilles und Hektor – zwei gleiche Todeslose hinein. Im 22. Gesang der *Ilias* heißt es entsprechend[69]: »Da nun spannte der Vater die goldenen Waagschalen auseinander, / Und legte zwei Lose hinein des starkschmerzenden Todes, / Eines für Achilleus und eines für Hektor, den Pferdebändiger, / Faßte sie in die Mitte und zog sie hoch: Da senkte sich Hektors Schicksalstag (aísimon émar) / Und hinab bis zum Hades; und da verließ ihn Phoibos Apollon.« (V. 208-213)

Zusammenfassend läßt sich zu der Ethik Homers bemerken, daß es in ihr für menschliche Handlungen noch keinen sie bewertenden moralischen Gott gibt.

Ein gänzlich anderes Modell liefert der etwa drei Generationen nach Homer schreibende Dichter Hesiod. Sein Opus *Werke und Tage* beginnt mit einem Mythos von der Abfolge der Weltalter, deren schlechtestes das gegenwärtige sei, insofern der Stärkere herrsche. Praktiziert werde das Faustrecht. Trotz einer Reihe von lokalen Bezügen läuft Hesiods Auffassung auf eine moralische Weltordnung hinaus, in welcher Zeus alles Tun der Menschen sieht, erkennt und belohnt oder bestraft (V. 267 ff.). Das jedoch hat Konsequenzen für die Beurteilung der Stellung des Menschen: Verschlingen Tiere andere Tiere, so ist es allein der Mensch, der die Vorstellung eines Rechtes kennt (V. 277-280). Außerdem hebt Hesiod hervor, daß moralische Schlechtigkeit und moralische Güte nicht in gleicher Weise zu haben seien: Schlechtigkeit (kakótes) lasse sich leicht erreichen, Tugend (areté) dagegen nur mit Schweiß und Mühen (V. 287 ff.).

Mit Hesiods Dichtung wird ein moralischer Gott geboren. Der oberste Gott (d.i. Zeus) registriert alle menschlichen Handlungen und verschafft ihnen den gerechten Lohn. Homers Götter dagegen sind, wie gezeigt, noch keine moralischen Wesen.

Die Sophisten, die von religiösen Begründungen gesellschaftlicher Normen Abstand nehmen, wenden sich mit unterschiedlicher Schärfe gegen die Annahme einer moralischen Gottheit. An erster Stelle ist hier das Kritias zugeschriebene Satyrspiel *Sisyphos* zu nennen.[70] Das Bruchstück 88 B 25 aus dem Spiel sei hier zitiert:

»Es gab einst eine Zeit, da war der Menschen Leben ungeordnet und tierhaft und der Stärke untertan, da gab es keinen Preis für die Edlen noch auch ward Züchtigung den Schlechten zuteil. Und dann scheinen mir die Menschen Gesetze aufgestellt zu haben (nómus théstai) als Züchtiger, auf daß das Recht (díke) Herrscherin sei [zugleich von allen?] und die Frevelei zur Sklavin habe. Und bestraft wurde jeder, der sich nur verging. Dann als zwar Gesetze sie hinderten, offen Gewalttaten zu begehen, sie aber im Verborgenen solche begingen, da, scheint mir, hat [zuerst] ein schlauer und gedankenkundiger (sophós) Mann die [Götter]furcht für die Sterblichen erfunden, auf daß ein Schreckmittel da sei für die Schlechten, auch wenn sie im Verborgnen etwas täten oder sprächen oder dächten. Von dieser Überlegung aus führte er das Überirdische ein: ›Es ist ein Dämon, in unvergleichlichem Leben prangend, mit dem Geiste hörend und sehend, denkend im Übermaß, sich selbst gehörend [?], göttlich Wesen in sich tragend, der alles unter Sterblichen Gesprochene hören, alles Getane schauen kann. Wenn du aber mit Schweigen etwas Schlechtes planst, so wird das nicht verborgen sein den Göttern; denn dafür ist die Vernunft [zu stark] in ihnen.‹ Mit diesen Reden führte er die lockendste der Lehren ein, mit lügnerischem Wort (lógos) die Wahrheit verhüllend. Es wohnten aber, sagte er, die Götter an einem Ort, dessen Benennung die Menschen am meisten erschrecken mußte, woher, wie er erkannte, die Ängste den Sterblichen kommen und die Hilfen für ihr mühselig Leben, aus dem sich drehenden Gewölbe dort oben, wo er die Blitze wahrnahm und das furchtbare Donnergetöse und den sternäugigen Himmelsbau, der Zeit, des weisen Baumeisters, schönes Buntwerk, wo die strahlende Masse des Sonnengestirns wandelt und von wo der feuchte Regen zur Erde herabkommt. Und rings um die Menschen stellte er solche Schrecken, durch die er seiner Rede der Gottheit eine schöne Wohnung gab und an einem geziemenden Ort, und er löschte die Gesetzlosigkeit (anomía) durch die

Satzungen (nómoi) [?] ... so, denke ich, hat zuerst einer die Sterblichen dazu bestimmt, zu glauben, es gebe das Geschlecht der Götter.« (DK 88 B 25)

Unter Verwendung von diversen Stilmitteln wie Ironie und Metapher enthält der zitierte Text eine raffinierte Religionskritik: Mit Hilfe einer animistischen Schilderung des Kosmos (»sternäugiger Himmelsbau«) wird die (lügenhafte) Erfindung allessehender Götter so ausgemalt, daß die Fiktion der moralischen Götter sich in die volkstümliche Mythologie der Naturbeseelung einfügt, die dann für das politische Programm der Gesetzestreue instrumentalisiert wird. Die Entwicklung hin zu der Annahme eines (gerechten) Gottes weist dabei nach Kritias drei große Phasen auf: Im Naturzustand besaß der Stärkere Macht nach Maßgabe seiner physischen Kraft. Dann erfolgte die Einführung von Gesetzen – ein Zustand, in dem Gewaltausübung, sofern sie im öffentlichen Raum geschah, dem Recht unterworfen war. Da die Menschen nun aber die zuvor in der Öffentlichkeit begangenen Gewalttaten im verborgenen ausübten, wurde von einem »schlauen und gedankenkundigen Mann« ein Gott erfunden, dessen Autorität das im verborgenen begangene Unrecht verhindern sollte.

Die beiden ersten Phasen – die Macht des Stärkeren im »Urzustand« und die Einführung von Gesetzen in einem zweiten – finden sich in entsprechender Weise schon bei Hesiod. Im Hinblick auf die dritte Phase läßt sich jedoch ein entscheidender Unterschied zwischen beiden Autoren feststellen: Während der moralische Gott für Hesiod Tatsache ist, ist er für Kritias nur gelungene Fiktion. Daß das Arsenal seiner Theologie selbst nicht sophistisch ist, belegt das folgende Zitat des Dichters und Philosophen Xenophanes (ca. 580-ca. 480 v. Chr.): »Ein einziger Gott ist unter allen Göttern und Menschen der Größte / weder dem Körper noch der Einsicht nach den sterblichen Menschen gleich.

/ Als ganzer sieht er, als ganzer versteht er, als ganzer hört er. / Immer verbleibt er am selben Ort, ohne irgendwelche Bewegung, / denn es geziemt sich für ihn nicht, bald hierhin, bald dorthin zu gehen, um seine Ziele zu erreichen, / sondern ohne Anstrengung des Geistes lenkt er alles mit seinem Verstand.« (DK 21 B 23-26) Die Bestrafung von verborgenen Verbrechen durch den von Hesiod gedachten moralischen Gott war vor Kritias von Solon, dem Gründungsvater der athenischen Demokratie (ca. 630-550 v. Chr.), deutlich ausgemalt worden: »Lange bleibt ihm [d. h. Zeus] auch keiner verborgen, der im Herzen / Heimliche Freveltat sinnt, immer entlarvt ihn die Zeit.«[71]

Im Solonischen Strafsystem des Zeus besteht allerdings eine Lücke: Das Verbrechen muß erst geschehen und eine gewisse Zeit verstrichen sein, bis die Strafe erfolgt. Kritias hält jedoch Abschreckung für besser als Strafe: Die Menschen sollen durch das Schreckbild (deíma) einer allgegenwärtigen Gottheit davon abgehalten werden, Böses zu sinnen. Der fiktionale Logos einer zweiten Physis soll, so schlägt Kritias vor, zur Steigerung der Kontrolleffizienz der Staatsmacht vor dem Hintergrund der Einhaltung des Nomos dienen. Es läßt sich allerdings nicht entscheiden, ob er mit seiner Darlegung die Wurzel des Götterglaubens nur aufdecken oder ob er ihn auch, wie später Platon oder in der Renaissancezeit Machiavelli, zur Steigerung der Staatsmacht einsetzen wollte.

Der Mythos des Protagoras

Als ein zentrales Lehrstück der Sophistik gilt der Protagoras zugeschriebene Mythos zur Entstehung und Begründung eines funktionierenden Gemeinwesens, der von Platon im Dialog *Protagoras*, 320 e ff. präsentiert wird. Inwieweit der Text authentisch

Protagoreisch ist, läßt sich heute nicht mehr entscheiden. Der Mythos enthält drei große Abschnitte. Zunächst wird von der Entstehung und Ausrüstung der Tiere erzählt. Epimetheus formt diesem Mythos zufolge die Tiere, und sein Bruder Prometheus soll die Resultate inspizieren. Das Werk gelingt: Schwächen und Stärken werden ausgewogen verteilt. Starke Tiere sind langsam, schwache dafür schnell. Im Verhältnis der Arten zueinander ist dafür gesorgt, daß keine Art sich auf Kosten anderer ernähren kann. Im Hinblick auf Fressen und Gefressenwerden besteht ein Gleichgewichtszustand. Auch für den Schutz der Tiere vor ihrer Umwelt ist gesorgt, etwa durch ihre Haut, die sie vor der Witterung schützt.

Der zweite Teil des Mythos handelt von der Entstehung des Menschen und der Sorge darum, wie das Überleben seiner Gattung in einer widrigen Umwelt gesichert werden kann.

So gelingt es zunächst Prometheus, den Göttern das Feuer zu rauben, durch dessen Besitz die Menschen einen Teil ihrer Unangepaßtheit an die Natur wieder wettmachen können. Der durch die Macht des Feuers jedoch nicht gebannten Bedrohung durch die Tierwelt entgehen die Menschen im Anschluß durch die Bildung menschlicher Gemeinschaften, d. h. durch die Gründung von Städten. Doch auch hier lauert noch Gefahr. Solange die Menschen nicht über eine »politiké téchnē«, nicht über eine Möglichkeit der politischen Regelung des Zusammenlebens verfügen, ist ihre Gattung durch gegenseitig zugefügte Ungerechtigkeiten ein zweites Mal bedroht.

Dieser zweite Abschnitt enthält in leicht überlesbarer Form eine der bittersten Religionskritiken, die je formuliert worden sind. Denn dem Menschen eignet zwar ein religiöses Bedürfnis, doch dieses ist, wie der Fortgang der Erzählung erkennen läßt, ohne Einfluß auf die Vergesellschaftung. Götterglaube und das Aufrichten von Altären und Götterbildern (322 a 5) sind unfähig, die drohende Selbstzerstörung der Menschengattung zu bannen.

Erst die Bindekräfte auf der Ebene moralischer Gefühle und des Verstandes, von denen der dritte Abschnitt des Mythos berichtet, ermöglichen eine funktionierende Vergesellschaftung. Protagoras läßt darin die menschlichen Tugenden von den Göttern zu den Menschen bringen: Zeus fürchtete, das Menschengeschlecht könne »gänzlich aussterben«, und beauftragte daher Hermes, den Menschen »Achtung und Gerechtigkeit« zukommen zu lassen, »damit geordnete Städte bestünden, die vom Band der Freundschaft zusammengehalten würden«. Hermes fragt daraufhin Zeus, ob Achtung und Gerechtigkeit wie die praktisch-technischen Fähigkeiten jeweils nur Experten eignen sollten oder allen Menschen. Zeus besteht darauf, daß sie allen Menschen zugeteilt werden. Wer nicht zu beidem fähig sei, solle wie eine Krankheit der Gesellschaft behandelt und getötet werden.

Der Mythos des Protagoras enthält eine ganze Reihe bemerkenswerter Einzelheiten. Zunächst erstaunt, daß eine mythologische Form gewählt wird, um die Entstehung der Grundlagen einer funktionierenden Gesellschaft darzustellen, da es Protagoras' Skepsis gegenüber der Existenz göttlicher Wesen, die unter anderem im zweiten Abschnitt des Mythos anklingt, widerspricht, wenn die Rettung der Menschen von Zeus ausgeht. Es ist indes durchaus möglich, daß es sich bei dem dritten Teil des Mythos um eine Zufügung Platons handelt. Für sich genommen, fügt sich der Mythos von der Rettung des Menschengeschlechts durch Zeus in eine Linie ein, die von Homer zu Xenophanes verläuft. Wie im vorausgegangenen Kapitel erwähnt, ließ bei Homer Zeus einen Menschen durch Hermes warnen. Diese Sendung des Hermes behält der Protagoreische Mythos bei, der jedoch die helfende Warnung zur Rettung verstärkt.

Wenn Protagoras die Religion bloßstellen wollte, scheint es widersinnig, daß schließlich Zeus die Menschen vor ihrem Untergang in einer Gesellschaft ohne Regeln des Zusammenlebens bewahrt. So bleibt die Annahme, daß Protagoras sich des Motivs des rettenden Zeus nur bildlich bediente: Wenn er nämlich metaphorisch davon spricht, daß es Götter gibt, die sich um die Erhaltung der Menschen kümmern, wie dies von den meisten Menschen geglaubt wird, dann kann er auch bildlich davon sprechen, daß Achtung und Gerechtigkeit von Zeus gestiftet werden. Die Annahme, daß das Volk Tugenden eher akzeptiert, wenn es sich vorstellt, daß diese von Zeus gestiftet worden sind, ändert am Gehalt derselben nichts.

Vielleicht stellte sich der Mythos aber für ein zeitgenössisches Verständnis auch als weitaus weniger problematisch dar, als er uns heute erscheint. Protagoras vertrat einen Logosbegriff, nach dem er andere überzeugte und überredete. Es ist folglich denkbar, daß seine Sage an der Stelle, an der sie nicht mehr überzeugen kann (nämlich am Schluß), zur Überredung greift. Vielleicht hielt es Protagoras nicht für überzeugend, Achtung und Gerechtigkeit dem Kopf eines einzigen weisen und klugen Menschen entspringen zu lassen, wie es bei Kritias mit der Götterfurcht der Fall war. Die rettenden Tugenden als Geschenk aus Götterhand zu erhalten, mochte für das Publikum seiner Zeit weitaus überzeugender sein.

Die Sage des Protagoras gilt, sehr allgemein formuliert, dem Thema der Entstehung von Zivilisation und Kultur. Das ist in keiner Weise originell, denn in seiner Zeit war kaum ein anderes Thema so in Mode wie die Beschreibung der menschlichen Kulturentwicklung und deren Fortschritte. So läßt der Tragiker Aischylos (ca. 525/524-456/455 v. Chr.) seinen Prometheus die Gaben, die ihm die Menschen verdanken, Revue passieren, und in der *Antigone* des Sophokles spricht der Chor von dem Ungeheuerlichen, das der Mensch ist, der alles zu beherrschen gelernt habe und nur dem Tod nicht entrinnen könne. Zu diesen berühmten Stellen gesellen sich andere, zum Beispiel bei Euripides oder bei Isokrates in seiner Abhandlung *Über die alte Medizin.*[72] Jacqueline de Romilly erblickt den Unterschied des Protagoras zu den üblichen Kulturentstehungstheorien in der gesonderten Entstehung der dritten Phase, d. h. der moralisch-politischen Bindekräfte unter den Menschen.[73]

Die Originalität des Protagoras besteht jedoch darüber hinaus darin, daß er eine Reihe von Charakterzügen der Tiere und verschiedene Aspekte der Sonderstellung des Menschen in einer Erzählung vereinigt. Da ist zunächst die Harmonie des Tierreichs. Sie beruht auf einem Gleichgewicht von Fressen und Gefressenwerden. Im Unterschied zu dem moralischen Blick des Hesiod auf die Physis enthält sich Protagoras jeden moralisch wertenden Urteils über die Tiere. Indirekt legt jedoch auch er eine Kritik an den Menschen nahe: Das Geschehen im Tierreich folgt einer Selbstregulierung, zu der die neuen Wesen, die Menschen, nicht fähig sind. Der Mensch ist das per se in seinem Überleben gefährdete Wesen. Von Natur aus mangelhaft ausgestattet, kompensiert er seine natürliche Unterlegenheit gegenüber den Tieren durch das, was in der Kulturanthropologie des Sophokles als »List« (mechané), als Inbegriff der technisch-praktischen Fähigkeiten erscheint.

Anders jedoch als in Sophokles' Chorlied *Ungeheuer ist viel, aber nichts ist ungeheurer als der Mensch* in dessen Tragödie *Antigone*, sind die Listen (mechanaís) nicht über alle Zweifel hinaus erfolgreich. Vielmehr schildert Protagoras den mehrstufigen Kulturprozeß so, daß zwei Instrumente, die das Überleben der menschlichen Gattung sichern, dies nur unzureichend tun: Das Feuer bietet keinen Schutz vor den wilden Tieren, und die Bildung von Gemeinschaften ist solange gefährdet, wie es keine Regelung des Zusammenlebens durch die »politiké téchnē« gibt.[74]

Die ethische Position des Protagoras wird gewöhnlich als ethischer Relativismus verstanden. Solcher besagt weder, daß moralische Tatsachen überhaupt fehlen (ethischer Nihilismus), noch, daß es moralische Tatsachen schlechthin gibt (ethischer Realismus). Für den ethischen Relativisten gelten moralische Normen relativ zu Überzeugungen, Übereinkünften, Sprachstrukturen, Empfindungen und anderem mehr. Dies wurde jedoch nicht erst von den Sophisten gedacht, sondern findet sich bereits bei dem Historiker Herodot (nach 490-nach 430 v. Chr.):

»Als König Dareios die Griechen an seinem Hofe fragte, um welchen Preis sie sich bereitfänden, ihre toten Väter zu essen, sagten sie, dazu würden sie sich für kein Geld verstehen. Darauf ließ er die Inder kommen, Kellatier, wie sie heißen, welche ihre toten Eltern essen, und fragte, um welchen Preis sie ihre toten Väter mit Feuer verbrennen würden. Die aber schrien vor Entsetzen und baten ihn, um Gottes willen nur solche Worte nicht in den Mund zu nehmen: Gegen die Sitte ist eben nicht anzukommen.«[75]

Worin soll nun der Protagoras unterstellte ethische Relativismus liegen? Gerechtigkeit und Hochachtung, die seinem Mythos zufolge das Überleben der menschlichen Gattung in der Gesellschaft sichern können, sind zwei verschiedene Tugenden. Gerechtigkeit bezieht sich auf eine geregelte Behandlung dessen, was anderen Menschen zukommt. Sie setzt Kenntnis der Möglichkeiten des anderen ebenso voraus wie Konzepte widerspruchsfreier Regelungen. Daher gehört primär verständiges Denken zu ihr. Hochachtung ist dagegen ein moralisches Gefühl. Sie setzt voraus, daß der andere als etwas Wertvolles erlebt wird. Wenn Hochachtung und Gerechtigkeit in Protagoras' Augen nur insofern Geltung besäßen, als sie von Zeus kommen, würde in der Tat eine relativistische Position vorliegen. Das aber hat Protagoras sicherlich nicht sagen wollen; vielmehr legt der von Platon überlieferte Text nahe, daß beide Tugenden schlechthin universell gelten sollen, so daß wir es bei seiner Position eher mit morali-schem Realismus als mit ethischem Relativismus zu tun haben.

Es scheint aber auch wenig wahrscheinlich, daß Protagoras die Position des moralischen Realismus vertrat, denn in Frag-ment DK 80 A 21 a legt Platon Protagoras folgende Worte in den Mund: »Was jeweils einer Polis gerecht und angemessen (díkaia kai kalá) erscheint, das ist es auch für sie, solange sie bei dieser Satzung bleibt.«

Hiernach gelten moralische und rechtliche Normen relativ zu der Einschätzung der Staatsbürger: Es gibt keine unwandelbare Physis von Normen, sondern nur vereinbarte Nomoi. Wenn jedoch die Bürger allesamt mit Hochachtung und Gerechtigkeit ausgestattet sind, so liegt die Quelle der Nomoi in der Moralität der einzelnen, und die Nomoi gelten relativ zu den Beschlüssen der Bürger, die ihrerseits von deren Tugenden getragen werden. Wie aber gelten die Tugenden, relativ oder absolut? Wenn »aídos« Hochachtung und »díke« Gerechtigkeit bedeutet, so bleibt am Ende nichts anderes übrig, als sie als moralische Fak-ten zu betrachten. Protagoras würde dann letztlich moralischen Realismus bieten.

Diese Folgerung verdankt sich indes einer bestimmten Über-setzung der griechischen Wörter. Es ist nämlich keineswegs zwingend, die bezeichneten Wörter mit »Hochachtung« bzw. mit »Gerechtigkeit« zu übersetzen. Vielmehr ist es durchaus möglich, » *Sinn* für Gerechtigkeit« und » *Gefühl* der Hochach-tung« zu sagen: In diesem Fall ändert sich die Interpretation der ethischen Position des Protagoras. In diesem Fall sind nämlich nicht mehr moralische Fakten die Grundlage für gesellschaftli-che Entscheidungen, sondern relative Phänomene wie »Sinn« und »Gefühl«. Wenn man also von einer solchen Übersetzung ausgeht, ist der Vorwurf, daß Protagoras' Äußerungen die eines ethischen Relativisten seien, durchaus gerechtfertigt.

Die Dissoi Logoi

Weitaus mehr moraltheoretische Konflikte als bei Protagoras werden in der lange verkannten, um 400 v. Chr. verfaßten Schrift *Dissoi Logoi* (»Doppelargumente«) angesprochen. Die Schrift diskutiert in Erörterung von Pro- und Contra-Argumenten unter anderem drei moralphilosophische Fragestellungen nach dem Guten und Schlechten, dem Schönen und Schändlichen sowie nach dem Gerechten und dem Ungerechten.

Der letztgenannte Diskussionspunkt (Kapitel 3 der Schrift) soll hier angesichts der Tatsache, daß die Dissoi Logoi relativ unbekannt sind, ausführlich zitiert werden:

»Recht und Unrecht. 1. Auch von Recht und Unrecht gibt es zwei Auffassungen: die einen behaupten, Recht sei etwas anderes als Unrecht, die anderen, Recht und Unrecht sei dasselbe. Ich will versuchen, der ersteren Auffassung zu Hilfe zu kommen. 2. Zuerst will ich ausführen, daß lügen und täuschen recht ist. Man sagt, dies gegenüber von Feinden zu tun, sei schicklich und recht, gegenüber von Freunden aber sei es unschicklich und böse. Warum aber nur gegenüber den Feinden, den liebsten Menschen aber gegenüber nicht, z. B. den Eltern? Wenn Vater oder Mutter ein Arzneimittel nehmen soll und es nicht will, ist es dann nicht recht, es ihnen in irgendeiner Suppe oder einem Getränke zu geben, ohne zu sagen, daß es darin ist? 3. Also ist es recht, die Eltern zu belügen und zu täuschen. Und es ist auch recht, das Eigentum von Freunden zu entwenden und die liebsten Menschen zu vergewaltigen. 4. Wenn z. B. ein Verwandter aus Kummer und Gram sich das Leben nehmen will mit einem Dolch oder Strick oder sonst einem Werkzeug, ist es dann nicht recht, ihm dies womöglich zu entwenden, oder, wenn man zu spät kommt und ihn schon damit antrifft, es ihm mit Gewalt zu nehmen? 5. Und als Sklaven zu verkaufen: wie sollte es nicht recht sein, eine ganze Stadt nach der Eroberung, wenn man es kann, zu verkaufen? Auch das Einbrechen in die öffentlichen Gebäude einer Stadt ist offenbar recht: wenn etwa mein Vater, von seinen politischen Gegnern überwältigt, auf den Tod verklagt im Gefängnis säße, wäre es dann nicht recht, einzubrechen, den Vater heimlich herauszuholen und zu retten? 6. Und Meineid: wenn jemand, von seinen Feinden gefangengenommen, einen Eid auf sich nimmt, falls man ihn freilasse, seine Stadt zu verraten, wird der Recht tun, wenn er den Eid hält? 7. Ich glaube es nicht; sondern lieber wird er durch Eidbruch seine Stadt, seine Freunde und die Heiligtümer seiner Väter erhalten. So ist also auch Meineid recht. Und Tempelraub. 8. Ich lasse das besondere Eigentum der einzelnen Städte beiseite; aber ist es nicht recht, den gemeinsamen Besitz und die materiellen Hilfsmittel Griechenlands in Delphi und Olympia zu nehmen und zum Krieg zu verwenden, wenn die Barbaren Griechenland bedrohen? 9. Auch die liebsten Personen zu ermorden ist recht. Orestes und Alkmaion sind Beispiele dafür, und das Orakel bestätigte, daß sie recht getan hätten. 10. Ich wende mich nur zur Kunst und Dichtung: unter den Tragödiendichtern und Malern ist der der vorzüglichste, der es am besten versteht, eine Täuschung hervorzubringen, die der Wirklichkeit ähnlich ist. 11. Ich will auch ein Beispiel aus älteren Gedichten anführen, die Verse der Kleobulina: *Einen Mann, den sah ich erschleichen und täuschen gewaltsam, / Und was er tat mit Gewalt war doch das lauterste Recht.* 12. Das geschieht im Ringkampf. Aber auch Aischylos sagt dies: *Gott kann nicht auf gerechten Trug verzichten,* und: *Mitunter ehrt Gott auch rechtzeitige Lüge.* 13. Es gibt aber auch eine dieser entgegengesetzte Auffassung, nach der Recht etwas anderes ist als Unrecht und wie in der Bezeichnung so auch in der Sache verschieden ist. Wenn man die Leute, welche behaupten, daß Recht und Unrecht dasselbe sei, fragen würde, ob sie an ihren Eltern recht gehandelt haben, so würden sie das bejahen. Dies wäre dann auch unrecht gewesen; denn sie erklären ja Recht und Unrecht für dasselbe. 14. Oder wenn du einen gerechten Mann kennst, so ist derselbe auch ungerecht und nach dem gleichen Grundsatz auch ein großer klein. Ein Mensch, der viel unrecht getan hat, soll demnach hingerichtet werden, weil er viel recht getan hat.«[76]

Dem Autor der *Dissoi Logoi* geht es vor allem um den Nachweis, daß Recht und Unrecht dasselbe seien.

Das Problem von Recht und Unrecht erläutert er zunächst am Beispiel von Lüge und Täuschung: Die Anwendung der Norm »niemand darf die ihm liebsten Menschen belügen« schließt auch Situationen ein, in denen das Lügen geboten wäre. Der Verfasser wählt dafür ein ausgezeichnetes Beispiel, die heimliche Verabreichung von Medikamenten zum Wohle des Getäuschten. Weil der Verfasser wie die Denker der Antike überhaupt noch nicht zwischen rechtgemäßem und moralischem Handeln, das dem rechtgemäßen genau entgegengesetzt sein kann, unterscheidet, schließt für ihn das rechtgemäße stets auch das unrechte Handeln ein.

Was Recht und was Unrecht ist, kann die Plätze vertauschen. Lüge, Diebstahl, Gewaltanwendung, Einbruch, Meineid, Tempelraub, Mord an liebsten Personen sowie Dichtung und Malerei bieten Beispiele dafür, daß Rechtes stets auch gleich Unrechtes ist.

Um jedoch identisch zu sein, müßten das Rechte und das Unrechte Individualbezeichnungen sein. Bei Namen wie »Hans« und »Peter« kann es in der Tat der Fall sein, daß beide dieselbe Person bezeichnen. Das aber gilt nicht für »Recht« und »Unrecht«. Was der Verfasser der *Dissoi Logoi* hier thematisiert, ist nicht, wie er selber glaubt, die Vertauschbarkeit von »Recht« und »Unrecht«, vielmehr handelt es sich um ein verwickeltes Problem der Ethik, das die Frage der Verallgemeinerungsfähigkeit von Normen bzw. die Anwendungskriterien für Normen betrifft.

Werden Normen verallgemeinert, dann fehlen Kriterien für ihre Anwendung. Wenn zum Beispiel niemand lügen darf, dann ist unbekannt, nach welchen Maßstäben dieses Verbot etwa nicht für die heimliche Verabreichung von Medikamenten gilt. Werden Normen im konkreten Fall überprüft, dann scheinen sie sich nicht mehr verallgemeinern zu lassen.

Es läßt sich schwer rekonstruieren, was der Verfasser hat folgern wollen. Seine Gleichsetzung von Recht und Unrecht läßt den Schluß zu, daß moralische Normen sich selbst aufheben könnten, was moralischem Nihilismus gleichkäme. Der Text läßt sich aber auch als Plädoyer für einen ethischen Relativismus lesen. Danach würden Normen relativ zu Situationen gelten, das Lügenverbot zum Beispiel relativ zu der mentalen Verfassung der Betroffenen. Würde diese Relativität nicht beachtet, so käme es dann erst zu der Gleichung Recht gleich Unrecht.

Die Überlegungen der Sophisten zur Ethik und zur Gesellschaftsordnung gelten im allgemeinen als leicht faßbare Voten für Konventionalismus. Bei genauerem Hinsehen erwies sich jedoch, daß das genaue Verständnis der überlieferten sophistischen Äußerungen keineswegs überall leicht möglich ist. Der Mythos des Protagoras von der Entstehung tragfähiger Gesellschaften oder die These von der Identität zwischen Recht und Unrecht in den *Dissoi Logoi* bieten nicht nur eine Fülle von Überlegungen und Einsichten, sondern bleiben auch in ihren Konklusionen schwer abschätzbar. Es ist möglich, aber aus den hier genauer untersuchten Texten gleichwohl nicht eindeutig ablesbar, daß beide Verfasser einen moralischen Relativismus vertreten haben. Die Schwierigkeiten einer genauen Bestimmung der sophistischen Ethik nehmen bei zwei weiteren wichtigen sophistischen Autoren sogar noch zu. Es handelt sich um Antiphon und um Thrasymachos.

Antiphon: Kritik der Rechtsordnung und Stellung der Frau

In einem erst 1915 entdeckten Papyrus kritisiert Antiphon die bestehende Rechtsordnung:

»(Col. 1) Gerechtigkeit besteht darin, die gesetzlichen Vorschriften des Staates, in dem man Bürger ist, nicht zu übertreten. Es wird also ein Mensch für sich am meisten Nutzen bei der Anwendung der Gerechtigkeit haben, wenn er vor Zeugen die Gesetze hoch hält, allein und ohne

Zeugen die Gebote der Natur; denn die der Gesetze sind willkürlich, die der Natur dagegen notwendig; und die der Gesetze sind vereinbart, nicht gewachsen, die der Natur dagegen gewachsen, nicht vereinbart. (2) Wer also die gesetzlichen Vorschriften übertritt, ist, wenn es ihren Vereinbarern verborgen bleibt, von Schande und Strafe verschont; bleibt es ihnen nicht verborgen, so nicht. Wer dagegen eins der von der Natur mit uns verwachsenen Gesetze wider die Möglichkeit zu vergewaltigen sucht, für den ist, wenn es vor allen Menschen verborgen bleibt, das Unheil um nichts geringer und, wenn alle es bemerken, um nichts größer; denn der Schade beruht nicht auf bloßer Meinung, sondern auf Wahrheit. Die Betrachtung dieser Dinge ist im allgemeinen und um dessen willen aufgestellt, weil die meisten gesetzlichen Rechtsbestimmungen feindlich zur Natur stehen. Es sind ja Gesetze aufgestellt für die Augen, was (3) sie sehen dürfen und was nicht; und für die Ohren, was sie hören dürfen und was nicht; und für die Zunge, was sie sagen darf und was nicht; und für die Hände, was sie tun dürfen und was nicht; und für die Füße, wozu sie schreiten dürfen und wozu nicht; und für den Sinn, wessen er begehren darf und wessen nicht. Dabei sind wahrlich die Verbote der Gesetze an die Menschen und ihre Gebote beide genau ebenso wenig naturfreundlich und -gemäß. Dagegen das Leben untersteht der Natur und auch das Sterben, und zwar kommt das Leben ihnen vom Zuträglichen, das Sterben dagegen von dem nicht Zuträglichen. (4) Das Zuträgliche ist, sofern es durch das Gesetz festgesetzt ist, Fessel der Natur, soweit dagegen durch die Natur, frei. Und ist nun nicht wahr – wenigstens nach der richtigen Auffassung –, daß das Schmerzliche die Natur mehr fördert als das Erfreuliche; also ist es auch nicht wahr, daß das Betrübende zuträglicher wäre als das Lustvolle. Das in Wahrheit Zuträgliche muß ja nicht schädigen, sondern nützen. Und doch [?] ist das von [oder der] Natur Zuträgliche von diesen Dingen [...]. [Nach dem Gesetz ist gerecht] auch, (5) wer gegen erlittenes Unrecht sich wehrt und nicht selbst mit der Tat anfängt; ebenso wer seinen Erzeugern, auch wenn sie ihn mißhandeln, Gutes tut; ferner die, welche der Gegenpartei den Eid verstatten, ohne ihn selbst zu verwenden. Unter den eben genannten Handlungen kann man vieles finden, was der Natur freundlich ist. Und bei ihnen ist die Folge, daß man mehr Schmerz erleidet, wo weniger möglich wäre, und weniger Freude empfindet, wo mehr möglich wäre, und Schlimmes erduldet, wo nichts nötig wäre. Wenn nun denen, die solche Grundsätze sich aneignen, eine

Unterstützung von seiten der Gesetze zuteil würde und denen, die sie sich nicht aneignen, sondern sich widersetzen, ein Schaden, (6) so wäre der Gehorsam gegen die Gesetze nicht unvorteilhaft. In Wirklichkeit aber zeigt es sich, daß denen, die solche Grundsätze sich aneignen, das aus dem Gesetz stammende Recht nicht genügend zur Hilfe kommt. Zunächst läßt es ja das Leiden des Leidenden und die Tat des Täters ruhig geschehen und war zu diesem Zeitpunkt nicht imstande, das Leiden des Leidenden und die Tat des Täters zu verhindern. Bringt man den Fall dann zur gerichtlichen Ahndung, so hat der Leidende vor dem Täter gar nichts Besonderes voraus. Denn er muß die zur Ahndung Berufenen erst davon überzeugen, daß er Unrecht erlitten hat, und wünscht erst die Fähigkeit zu erlangen, den Prozeß zu gewinnen. Dieselben Mittel aber verbleiben auch dem Täter, wenn er zu leugnen (7) [unternimmt].« (DK 87 B 44 A)

Obwohl der Text lückenhaft überliefert ist, erlaubt er doch eine zusammenhängende Deutung. Antiphon beginnt mit einer Gleichung für die Gerechtigkeit, die danach darin besteht, daß die Staatsgesetze nicht übertreten werden. Anschließend führt er einen Begriff ein, der seine gesamte Überlegung leitet: den Begriff des Nutzens (to xympherón, Nutzen, Vorteil). »Xympherón« im Sinn von »gut für jemanden« findet sich im Sprachgebrauch der Mediziner jener Zeit, und Antiphon hat seine Verwendung vielleicht von dort entlehnt.

Er prüft die gesetzliche Ordnung im Hinblick auf den individuellen Nutzen. Dabei stellt er fest, daß ein Nutzen mit der Einhaltung von gesetztem Recht, von Nomoi nur dann verbunden ist, wenn dies vor Zeugen, in der Öffentlichkeit geschieht. Von individuellem Nutzen ist dagegen die Befolgung von natürlichem Recht, von Physis. Was zum Nomos, zur Satzung gehört, ist bloß vereinbart und willkürlich. Was zur Physis gehört, ist dagegen gewachsen und notwendig.

Antiphon behauptet, daß hinsichtlich der Satzungen nur derjenige einen Schaden davonträgt, der bei Verstößen ertappt wird.

Handelt er dagegen ohne Zeugen, so entgeht er der Schande und Strafe. Diese Einschätzung entspricht derjenigen des Kritias, wonach es der Idee des allgegenwärtigen Gottes bedarf, um für die Einhaltung der Gesetze auch im Bereich des Privaten zu sorgen. Antiphon kennt diesen Ausweg nicht, woraus die Intensität seines Eintretens für das Recht der Physis resultieren mag.

Im Anschluß an seine Ausführungen zur Physis beschreibt Antiphon die Staatsgesetze als Vorschriften, die festsetzen, was erlaubt und was verboten ist. Diese Vorschriften reichen weit in die Leiblichkeit der Bürger hinein. Für die Augen, für die Ohren, die Zunge, für die Hände und selbst noch für das Denken (nóos) wird vorgeschrieben, was jeweils getan oder begehrt werden darf und was nicht.

Bei seiner Prüfung, ob die Gesetze das naturwüchsig Zuträgliche fördern oder nicht, geht Antiphon davon aus, daß das wirklich Zuträgliche dem Menschen im Sinn des Erfreulichen und Lustvollen (ta hédonta) nützt. Er kommt dabei zu dem Schluß, daß die Staatsgesetze das natürlich Zuträgliche nicht fördern. Denn die öffentlichen Vorschriften verlangen zum Beispiel, daß man seinen Eltern auch dann noch Gutes tut, wenn diese einem etwas Schlechtes antun. An diese Einsicht schließt Antiphon eine scharfe Kritik am Strafrecht aus der Sicht des Opfers an, das seinen Schaden nachweisen muß: Das Gesetz kommt immer erst nach der Tat zur Anwendung. Es läßt den Täter gewähren und das Opfer leiden. Kommt es aber zur Gerichtsverhandlung, dann muß von den Opfern die Täterschaft erst nachgewiesen werden. Ein solcher Nachweis erfolgt dadurch, daß man die, die zur Ahndung von Unrecht berufen sind, überzeugt – eine Möglichkeit, die das Gesetz dem Täter jedoch ebenfalls einräumt: So wie jener von dessen Schuld, kann dieser von seiner Unschuld überzeugen.

Als Fazit ergibt sich: Antiphon bestreitet den gewöhnlich behaupteten Nutzen derjenigen Gerechtigkeit, die in der Befolgung von Staatsgesetzen besteht. Er legt dar, daß die Gesetze dem, was uns durch die Physis an Zuträglichem, d. h. Nützlichem, Erfreulichem und Lustvollem gegeben ist, widersprechen. Allerdings beruft er sich dabei nicht darauf, daß Normen der Physis von den Rechtssatzungen verletzt werden. Ein Aufruf zum »Ausstieg« aus dem Staat und seinen Gesetzen ist nicht erkennbar. Antiphon war nachweislich gegen Anarchie und für eine Gleichheit der Menschen. Erziehung und Zucht waren für ihn erstrebenswert: »Das Erste dessen, was für die Menschen wichtig ist, ist Unterricht, Erziehung und Zucht (paídeusis). Wenn nämlich von irgendetwas der Anfang richtig gemacht wird, so ist es folgerichtig, daß auch das Ende richtig wird. [...] Schlechteres als Zügellosigkeit und Ungehorsam (anarchía) gibt es für den Menschen nicht.« (DK 87 B 60, 61) In einem nicht sicher rekonstruierbaren Text bemerkt er darüber hinaus über die Gleichheit aller Menschen: »[...] die von vornehmen Vätern abstammen, achten und verehren wir, die dagegen nicht aus vornehmem Hause sind, achten und verehren wir nicht. Hierbei verhalten wir uns zueinander wie Barbaren, denn von Natur sind wir in allen Beziehungen gleich geartet (epeí phýsei pánta pántes homoíos pephýkamen). Das läßt eine Betrachtung der allen Menschen von Natur [in gleicher Weise?] notwendigen Dinge erkennen. Zu erwerben sind diese allen auf dieselbe Art möglich [?] und in allem von dem ist weder ein Barbar von uns ausgegrenzt (aphóristai) noch ein Hellene. Atmen wir doch alle insgesamt durch Mund und Nase in die Luft aus und [essen wir doch alle mit Hilfe der Hände?]« (DK 87 B 4)[77] Konventionen widersprechen der Physis, indem sie Unterschiede des Seins schaffen. Aristokratie ist durch Konvention geschaffene Verschiedenheit. Ein Nomos, der nicht die Gleichartigkeit aller Menschen beachtet, ist kein demokratischer Nomos. Er setzt das Vorurteil der Griechen gegenüber Völkern anderer Sprache im Binnenraum der Polisgemeinschaft fort. Antiphons Text reicht aber noch weiter. Er zeigt auf, in welchem Ausmaß sich das Vorurteil gegenüber den »Barbaren« von jeder Erkenntnis durch Naturbetrachtung entfernt. Nichts ist Antiphon offenbar fremder als die Vorstellung einer ständisch gegliederten Gesellschaft, wie sie später Platon als Heilmittel gegen anarchische Entwicklungen in der Demokratie vorschlägt. Antiphon bleibt Kritiker der Rechtsordnung:

»(I) Wenn das Recht ernst genommen wird?, so gilt das Bezeugen der Wahrheit unter [oder: für] einander als gerecht und ebensosehr als nützlich für die Geschäfte der Menschen. Und doch kann, wer das tut, nicht gerecht sein, da ja gerecht heißt: keinem Unrecht und Schaden zufügen, wenn man nicht Unrecht und Schaden erleidet. Notwendigerweise muß ja der Zeuge, auch wenn er die Wahrheit bezeugt, einem anderen irgendwie Schaden zufügen und selbst später wieder Schaden erleiden für das, was er aussagte [?], dadurch nämlich, daß wegen seiner Zeugenaussagen der durch das Zeugnis Belastete verurteilt wird und Geld oder Leben verliert wegen dessen, dem er gar kein Unrecht zufügt. Also dadurch fügt er dem Belasteten Unrecht zu, daß er diesem, der ihm selbst gar kein Unrecht tut, solches zufügt, und er selbst erfährt wieder solches durch den Belasteten, weil er von ihm gehaßt wird, auch wenn er die [II] Wahrheit bezeugt hat. Und nicht nur durch den Haß, sondern auch, weil er sein ganzes Leben hindurch vor dem auf der Hut sein muß, den er durch das Zeugnis belastete. So steht denn für ihn ein Feind bereit, der ihm durch Wort und Tat, wenn er kann, Schlimmes antun möchte. Wahrlich, das erscheint nicht als geringes Unrecht, was er selbst erleiden und was er zufügen kann. Es ist ja gar nicht möglich, daß dies gerecht ist und zugleich die Forderung, kein Unrecht zu tun und auch selbst kein Unrecht zu ertragen [?]. Vielmehr ist entweder nur das eine davon gerecht oder beides ungerecht. Es erscheint aber auch das Richten und Urteilen und das Durchhalten bis zur Entscheidung nicht gerecht; denn was den einen nützt, schadet den anderen, und darin erleiden die Empfangenden kein Unrecht, aber die Geschädigten erleiden Unrecht.« (DK 87 B 44 B)

Wie im zuvor zitierten Fragment DK 87 B 44 A bleiben auch hier Unklarheiten der Textüberlieferung. Gleichwohl wird erkennbar, daß die Argumentation einen schärferen Ton enthält. Hatte Antiphon zuvor »Gerechtigkeit« (dikaiosýne) als Einhaltung der Polis-Satzungen definiert, so geht er nunmehr von einer neuen Bedeutung dessen aus, was rechtens ist. Recht ist nunmehr, »niemandem zu schaden (adikeín), wenn einem selber nicht geschadet wird«.

Im Griechischen besteht an der Stelle, die bei Diels mit »wenn« übersetzt wird, eine Lücke. Es gibt zwei Möglichkeiten, dieses »wenn« zu spezifizieren: Ein kausaler Sinn ergibt sich, wenn man an der lückenhaften Stelle »epeíper« einsetzt, was mit »weil eben« oder »da ja« zu übersetzen wäre. In diesem Fall würde Antiphon die Ansicht vertreten, daß in der von ihm beschriebenen Gesellschaft niemandem geschadet wird, jedenfalls normalerweise nicht. Anders verhält es sich, wenn die Lücke mit der Konjunktion »eíper« gefüllt würde. Denn »eíper« besitzt den konditionalen Sinn »sofern«, »wenn anders«, »wenn denn«. In diesem Fall wäre zu übersetzen: »niemandem zu schaden, sofern einem selber nicht geschadet wird«. Das würde bedeuten, daß unter der Bedingung, daß niemandem geschadet wird, die Norm gilt, daß man niemandem schaden darf. Wie soll man entscheiden?

Offenbar beschreibt Antiphon eine unausweichlich ungerechte Staatsgerechtigkeit, ohne eine bessere Lösung bereitzustellen. Denn angenommen zum Beispiel, daß eine Person in einem Strafprozeß als Zeuge verhört würde, die den Angeklagten belastet, ohne daß dieser ihr persönlich geschadet hätte: In diesem Fall würde der Zeuge den Angeklagten schädigen, womit der Grundsatz der Nichtschädigung bereits verletzt wäre. Aber die Schädigung endet nicht damit. Vielmehr ist es möglich, daß der Angeklagte später zum Gegenschlag ausholt. Er kann sich an dem Zeugen rächen wollen, auch wenn dieser wahrheitsgemäß ausgesagt hat. Es ist somit nahezu gänzlich auszuschließen, daß Antiphon gemeint haben sollte, daß das Rechte darin bestehe, »niemandem zu schaden, *weil* einem selber nicht geschadet wird«.

Geht man dagegen davon aus, daß Antiphon sagen wollte, daß Recht darin bestehe, »niemandem zu schaden, *sofern* einem selber nicht geschadet wird«, so wollte er nicht etwa zeigen, daß Nomos und Physis unvereinbar sind. Er legte dann vielmehr dar, daß beide durchaus miteinander harmonieren, daß diese Harmonie jedoch leicht gestört werden kann. Denn mit dieser Bestimmung wird zugleich indirekt ein Zustand empfohlen, in welchem die Bürger in wechselseitiger Harmonie leben und jeder sein Wohlergehen gestalten kann. Wird jedoch jemandem Schaden zugefügt, genau dann wird der Geltungsbereich des natürlicherweise geltenden Rechten – der Nichtschädigungsnorm – verlassen, und man tritt ein in den Bereich der Staatsgesetze. Diese Gerechtigkeit betrifft das »ádikon«, die Schädigung. Die Nomoi sind Instrumente zur Regelung des »ádikon«. Wird das moralische und in der Physis verankerte Gebot der Nichtschädigung mißachtet, so beginnt eine Maschinerie, die dem zuwiderläuft, was die Physis als Rechtes bereithält. Physis und Nomos sind also solange miteinander zu vereinbaren, wie der Nomos in Gestalt des Strafrechts gar nicht aktiviert wird, sondern nur generell gilt.

Folgt man diesem Interpretationsvorschlag, dann erscheint klar, was Antiphon mitteilen will. Er warnt vor der Schädigung der anderen. Denn jede Schädigung setzt das Staatsrecht und mit ihm eine unübersehbare Kette von Einbußen eines Gutes unserer Physis voraus, nämlich des Gutes der Freude (hedoné).

Außer den Erörterungen über Recht und Unrecht verdanken wir dem Sophisten Antiphon eine ausführliche Beurteilung des Verhältnisses zwischen Mann und Frau. Da es sich hierbei um die einzige erhaltene Äußerung eines Sophisten zu diesem Thema handelt, soll sie hier ausführlich diskutiert werden.

Um diese Äußerungen einordnen zu können, bedarf es zunächst einiger Hinweise zur Stellung und Beurteilung der Frau in der Zeit Antiphons: Die Demokratie Athens schloß die Frauen vom politischen Leben aus.[78] Sie besaßen keine Möglichkeit der Wahl, der Mitwirkung bei Gerichten, konnten nicht als Zeuginnen und nicht in der Volksversammlung auftreten. Für Mädchen war keine Schulausbildung vorgesehen. Erlaubt war den Frauen dagegen der Besuch von kultischen Festen einschließlich der Theateraufführungen, von Mysterien und schließlich von speziellen religiösen Festen, von denen die Männer dann jedoch ausgeschlossen waren.

Die Philosophen der Antike trugen verschiedenes zum Verständnis der Frau bei. So fand sie unter anderem Interesse im biologischen und kulturanthropologischen Sinn. In den *Dissoi Logoi* wird kulturvergleichend festgehalten, daß es für Männer schön sei, sich öffentlich zu waschen, für Frauen dagegen häßlich (aischrón). Oder daß es schön sei, mit der eigenen Frau zu schlafen, mit einer anderen dagegen häßlich. Angaben über persische und ägyptische Sitten runden die insgesamt naiv anmutenden Gegenüberstellungen ab: Danach halten persische Männer es für schön, sich wie Frauen zu schmücken und mit den eigenen Töchtern zu schlafen, während die Griechen dies jedoch als häßlich und illegitim beurteilen; und in Ägypten bearbeiten die Männer Wolle, was in Griechenland den Frauen vorbehalten sei.

Die Philosophen setzten die soziale Rückstufung der Frau mit ausgesprochen negativen Werturteilen fort. Am günstigsten war noch die Pythagoras-Gemeinde den Frauen gesonnen: Die Frau galt als schwächeres Wesen und sollte daher geschützt werden. In der Äußerung DK 58 C 84, Z. 30 f. aus der pythagoreischen Schule heißt es: »Man darf die eigene Frau nicht fortjagen, denn sie ist eine Schutzflehende.« Für Demokrit, den jüngeren Zeitgenossen der Sophisten, war die Frau dagegen schlechter als der Mann: »Eine Frau ist viel schneller als der Mann bei einer Boshaftigkeit«, heißt es in DK 68 B 273, und in DK 68 B 110 wird die Frau vom Benutzen des Logos ausgeschlossen: »Das Weib soll sich nicht um Rede (lógos) bemühen, denn das ist abscheulich (deinón).« Der Mann, schreibt Aristoteles im zwölften Kapitel des ersten Buchs seiner *Politik*, sei von der Physis aus zur Herrschaft über die Frauen bestimmt. Es gebe zwar auch Fälle, wo Männer von Frauen beherrscht würden, aber das sei wider die Natur.

Antiphon äußert sich in DK 87 B 49 ausführlich über Ehe, Scheidung und Sorge für die Kinder. Im Unterschied zu Homer, der die Ehegemeinschaft noch als besonderen Wert pries, erfolgt hier eine außerordentlich negative Einschätzung:

»Denn ein gewagtes Spiel ist die Ehe für den Menschen. Denn wenn es sich fügt, daß die Frau sich als nicht geeignet erweist, was soll man dann in dieser unglücklichen Lage anfangen? Schwierig ist die Scheidung. Die Verwandten sich zu Feinden machen, gleich gesinnte, gleich gestimmte Menschen, die man der Verwandtschaft für würdig gehalten hatte und von denen man für würdig gehalten worden war; schwierig aber auch der Besitz eines solchen Gutes, von dem man Freuden zu erwerben glaubte und nun Schmerzen ›heimführt‹. Wohlan denn, wir wollen nicht vom Widerwärtigen sprechen; besprochen werde das Allergünstigste. Was gibt es denn Angenehmeres für den Menschen als ein Weib nach seinem Herzen? Was Süßeres zumal für einen jungen Mann? Aber gerade darin, wo das Angenehmste wohnt, ist irgendwo in der Nähe auch das Schmerzlichste; denn die Annehmlichkeiten kommen nicht für sich allein, sondern es folgen ihnen Schmerzen und Mühen. [...] Ich jedenfalls würde, wenn mir noch ein anderer Leib zuteil würde, gerade so [sorgebedürftig] wie ich jetzt mir selbst bin, gar nicht zu leben vermögen: wo ich mir selbst schon so viele mühevolle Arbeit mache um die Gesundheit des Leibes, um den Erwerb des täglichen Lebensunterhalts, um Ruf, Ehrbarkeit, den guten Namen und daß man Gutes von mir spricht. Wie nun, wenn mir noch ein anderer Leib zuteil würde, der mir so sorgebedürftig wäre? Ist es denn nicht klar, daß eine Frau dem Manne, wenn sie nach seinem Herzen ist, nicht geringere Freuden und Schmerzen gewährt als er sich selbst — nun um die Gesundheit *zweier* Leiber, um den Erwerb ihres Lebensunterhalts, um ihre Ehrbarkeit und ihren guten Namen? — Doch weiter noch, Kinder sollen geboren werden: voller Sorgen ist nun alles, es verschwindet die jugendliche Sprungkraft aus dem Geist, und das Antlitz ist nicht mehr dasselbe.«

Die aus der Optik des Mannes wahrgenommene Frau wird als »Besitz« betrachtet, und es erscheint sogar die den Besitzcharakter verstärkende Figura etymologica eines »Besitzens von Besitz« (ekthésthai ktéma). Der Text kreist um die Lust des Mannes an der Frau – sie ist von Natur das »Süßeste« für den jungen Mann – und zugleich um die damit erkaufte Unlust, deren Ursprung die Verdopplung der Mühen durch die Verbindung zweier Leiber ist. Denn jeder (Mann) hat mit seiner Gesundheit, seinem Lebensunterhalt, seinem Ruf schon genug zu tun. Diese Sorge wird durch den Besitz eines zweiten Leibes verdoppelt. Und noch schwieriger wird die Lage, wenn Kinder hinzukommen. Dann wird »alles voller Kummer und Sorgen«.

Der Text ist eindringlich gestaltet; am Ende blickt uns ein bekümmertes Antlitz an ...

Welche Leitvorstellung bringt Antiphon hier zum Ausdruck? Es scheint die des selbstgenügsamen Mannes zu sein. Diese Selbstgenügsamkeit gründet sich auf Gesundheit, auf Lust, Arbeit und Ansehen. Sie will mit einigem Aufwand erhalten werden. Die Frau erscheint zwar als Verlockung zur Lust, verursacht aber zugleich leicht Mühe. Offenbar vermag, so wird dem Leser klar, nur der Mann selbstgenügsam zu sein.

Aufschlußreich für das Verständnis der Frauen bei Antiphon ist der Satz: »Was gibt es denn Angenehmeres für den Menschen als ein Weib nach seinem Herzen?« Es heißt »Menschen« (anthrópoi), wo man kontextgemäß »Mann« erwartet. Für den als Mann verstandenen Menschen ist ein Weib das Süßeste. Die Frau gehört somit nicht eigentlich zur Klasse der Menschen. Was ist die Frau? Antiphon wagt hier offenbar einen Widerspruch: Die Frau wird einerseits von der Klasse der Menschen ausgeschlossen und gilt als Besitz; andererseits ist sie ein »anderer Leib« (sóma héteron). Die Bestimmung der Frau gerät damit zur Paradoxie, sie erscheint als unselbständige Sache mit dem Effekt der Lust für den sie besitzenden Mann und erweist sich zugleich als »anderer Leib« und wird in dieser Eigenschaft allzu leicht Ursache von Sorgen und Kummer.

Der Text handelt nur von Erfahrungen im Hinblick auf die Frau, nicht aber von Erfahrungen *mit* ihr. Sie begegnet dem Mann nicht als selbständiges Wesen. Mit größerer Offenheit ist eine Unfähigkeit des Mannes, die Frau als Gegenüber zu erleben, anderswo kaum je dokumentiert worden. Angesichts der beschriebenen Verdrängung der Frau aus dem öffentlichen Leben der Athener ist übrigens davon auszugehen, daß Antiphon hier keine Privatansicht, sondern Gemeingut zum Ausdruck bringt. Der Homerische Wert der Ehe als Partnerschaft ist einer Vorstellung vom selbstgenügsamen Mann gewichen, für den die Ehe ein Hindernis darstellt.

Die Selbstgenügsamkeit ist von Antiphon übrigens auch im Hinblick auf Selbstbezug beschrieben worden: »Die Besonnenheit eines anderen Mannes kann doch wohl niemand richtiger beurteilen als wer sich seines Herzens Lüsten wie ein Bollwerk entgegenstemmt und vermocht hat, Oberhand und Sieg über sich selbst zu gewinnen. Wer sich aber seinem Herzen jeden Augenblick gefällig erweisen will, der will das Schlechtere statt des Besseren.« (DK 87 B 58) Der authentische Selbstbezug bleibt ausschließlich demjenigen zugänglich, der mit sich selbst einen inneren Kampf gegen die Lüste ausgefochten hat und in diesem Kampf gesiegt hat.

Thrasymachos versus Sokrates:
Gerechtigkeit und Ungerechtigkeit

In der Reihe sophistischer Äußerungen zum Thema politischer und ethischer Normen stehen weiterhin Namen wie Kallikles, der Anonymus Iamblichi, Thrasymachos und Sokrates. Kallikles' Votum für das Existenzrecht starker Individuen, die an keinerlei Normen der Mehrzahl gebunden sind, und die ihm gegenüberstehende Überlegung des Anonymus Iamblichi, daß selbst ein Mann mit einer Seele so hart wie Diamant gegen die vereinte Macht von Kollektiven keine Chance besäße, wurden oben bereits behandelt.

Wir kommen daher jetzt zu Sokrates und Thrasymachos. Thrasymachos ist uns vor allem aus dem ersten Buch von Platons *Staat* bekannt. Wir finden ihn dort in einem Definitionsgefecht mit Sokrates.

Sokrates berichtet von sich und anderen Gesprächspartnern in Platons *Staat*:

»Thrasymachos nun war, auch schon während wir miteinander redeten, oft im Begriff gewesen, in die Rede einzugreifen, war aber von den Anwesenden verhindert worden, welche gern unsere Rede zu Ende hören wollten. Nun [...] konnte er nicht länger Ruhe halten, sondern raffte sich auf und kam auf uns los, recht wie ein wildes Tier, um uns zu zerreißen, so daß ich und Polemarchos ganz außer uns waren vor Schreck. Er aber rief mitten hinein und sagte: In was für leerem Geschwätz seid ihr doch schon lange befangen, o Sokrates? Und was für Albernheiten treibt ihr miteinander, indem ihr euch immer nur schmiegt und biegt einer vor dem anderen? Sondern wenn du in der Tat wissen willst, was das Gerechte ist, so frage nicht nur und setze etwas darein zu widerlegen, wenn einer etwas geantwortet hat, weil du wohl weißt, daß fragen leichter ist als antworten; sondern antworte auch selbst und sage, was du behauptest, daß das Gerechte sei. Und daß du mir nur nicht sagst, es sei das Pflichtmäßige, noch das Nützliche, noch das Zweckmäßige, noch das Vorteilhafte, noch das Zuträgliche; sondern deutlich und genau sage, was du davon sagst. Denn ich werde es nicht gelten lassen, wenn du dergleichen Geschwätz vorbringst.«[79]

Der Sophist Thrasymachos will also Sokrates dazu bringen, eine Antwort zu geben auf die Frage nach dem, was gerecht ist. Sokrates antwortet im Fortgang der Diskussion, Thrasymachos möge ihn und seine Gesprächspartner bemitleiden. Sie versuchten anzugeben, was die Gerechtigkeit sei, schafften dies aber nicht. Ginge es ihnen um Geld, so hätten sie sich nicht so schwer getan. Nach Sokrates' Einschätzung denkt Thrasymachos nur an Geldgewinn und nicht an die Sache der Gerechtigkeit. Thrasymachos durchschaut jedoch, wie aus dem dann Folgenden hervorgeht, Sokrates' gespielte Bescheidenheit als »die gewohnte Verstellung (eironeía)«.

Platon gibt Sokrates nun dadurch einen Vorsprung in der Gunst des Lesers, daß er ihn das Gespräch erzählen läßt. Eine Konfrontation der beiden entfällt und wird ersetzt durch ein »Besserwissen« des Sokrates im Modus eines Berichts: »Und Thrasymachos, sah man ganz deutlich, hatte große Lust zu reden, um sich Beifall zu erwerben, weil er glaubte, eine gar schöne Antwort zu haben, zugleich aber stellte er sich an, es durchsetzen zu wollen, daß ich der Antwortende sein sollte. Endlich gab er denn auch nach und sagte dann: Dies ist die Weisheit des Sokrates, selbst will er nichts lehren, aber bei anderen geht er umher, um zu lernen, und weiß es ihnen dann nicht einmal Dank.« Sokrates erscheint hier im Urteil des Sophisten nicht als Lehrender, sondern als Lernender. Lernende aber sind Schüler und damit keine Sophisten. Wenn Thrasymachos Sokrates nun auffordert, nicht mehr bloß zu fragen, sondern auch Antworten zu geben, so bedeutet dies, daß Sokrates seine Schüler-Attitüde aufgeben soll. Die Sokratische »eironeía«, die »gewohnte Verstellung« wird hier ganz offenbar nicht als jene — fälschlich Sokrates zugeschriebene[80] — wissende Unwissenheit verstanden, sondern als ein Versteckspiel Sokrates' im Hinblick auf die Repräsentation seines Berufs. Zu bedenken bleibt freilich, daß wir heute nicht mehr mit Sicherheit erschließen können, wie sich Thrasymachos wirklich Sokrates gegenüber verhalten hat. Methodisch bleibt uns nicht viel mehr, als davon auszugehen, daß sein Zwiegespräch mit Sokrates in authentischer Weise wiedergegeben ist.

Im Anschluß an die zuvor zitierte Passage gibt Thrasymachos seine berühmte Definition des Gerechten (to díkaion): »Ich nämlich behaupte, das Gerechte sei nichts anderes als das dem Stärkeren Zuträgliche (tu kreíttonos xympherón).« Diese Angabe führt zu jenem Zug, den die Sophisten im Hinblick auf den Logos einführten: Der Logos wird Behauptung und Beeinflussungskraft. Sokrates selbst nämlich stellt der Definition des Thrasymachos eine Behauptung entgegen, die dieser als Unverschämtheit verstehen muß: »Denn du behauptest doch nicht dergleichen, wie, wenn Polydemos der Boxer und Ringer stärker ist als wir und ihm nun Rindfleisch zuträglich ist für seinen Leib, diese Speise deshalb auch uns, die schwächer sind als er, zuträglich und damit zugleich gerecht sei? Du bist eben boshaft, Sokrates, sagte er, und faßt die Rede (ton lógon) so auf, wie du sie am übelsten zurichten kannst.«[81] Thrasymachos will mit seiner Antwort vielleicht weniger zum Ausdruck bringen, daß Sokrates »boshaft« ist, als daß er keine Hemmung besitzt, etwas gegen Thrasymachos ins Feld zu führen, was dieser selbst bereits berücksichtigt hat. Sokrates nämlich wendet ein, daß, wenn jemand Rindfleisch nicht verträgt, die Vorstellung des »Zuträglichen« nur *relativ* zu den Dispositionen von jemandem gilt. Das von ihm behauptete Zuträgliche (xympherón) ist etwas Relatives wie »groß«, »klein«, »Vater von«. Aber das hatte Thrasymachos offenbar gar nicht ausschließen wollen.

Thrasymachos gibt dann seiner These über die Gerechtigkeit

als das für den Stärkeren Zuträgliche eine politische Wendung. Das Gerechte bedeutet danach in jeder Verfassung – in Tyrannis, Aristokratie oder Demokratie – »das der bestehenden Regierung Zuträgliche«. Im Anschluß kommt es zu einem für die Sophistik alltäglich-normalen Hin und Her zwischen Sokrates, Thrasymachos und Kleitophon. Sokrates wendet ein, die Herrschenden könnten sich darüber täuschen, was für sie vorteilhaft ist. Kleitophon dagegen läßt sich auf Thrasymachos ein und bemerkt, es komme nicht darauf an, ob der Stärkere sich täusche oder nicht. Vielmehr gehe es darum, »was der Stärkere für ihn selbst für zuträglich« hält.

Der zweite große Argumentationsschritt im weiteren Streitgespräch läuft auf die Behauptung Thrasymachos' hinaus, daß »die Gerechtigkeit in Wirklichkeit ein fremdes Gut ist (allótrion agathón), nämlich das für den Stärkeren und Herrschenden Zuträgliche, des Gehorchenden und Dienenden aber eigener Schade«. Gerechtigkeit ist also ein Gut nur derjenigen, die über andere Menschen herrschen. Gerechtigkeit bedeutet die Nutzung politischer Macht zum eigenen Vorteil der Mächtigen. Das ruft den Protest des Sokrates hervor. Der Regierende, wendet er ein, ist wie ein Arzt. Er nützt nicht sich selbst, sondern denen, die er regiert. Der Arzt nützt den Patienten, der Regierende den Regierten. Diese Analogie jedoch wird von Thrasymachos nicht akzeptiert. Er denkt sich einen anderen Vergleich aus: die Beziehung von Hirt und Herde.

Es ist bisher zu wenig beachtet worden, daß mit diesem Vergleich und seiner Deutung durch Sokrates eine der folgenschwersten Interpretationen von Politik, Regierung, Macht und Herrschaft in die Welt gesetzt wurde. Dabei kam es, durch Sokrates bzw. Platon verursacht, zu der sinnwidrigen Beerbung eines sophistischen Topos. Dies geschah auf folgende Weise: Thrasymachos deutete die Hirt-Herde-Beziehung so, daß die Hirten ihre

Schafe und Rinder »fett machen und pflegen« und dabei an nichts anderem interessiert sind als an dem, »was gut ist für sie selbst«. Dasselbe gilt für die Regierenden und die Regierten. Die Herrschenden denken nur daran, »wie sie doch sich selbst den meisten Vorteil schaffen können«. Die Forschung zu Thrasymachos hat hervorgehoben, daß der Sophist mit seinem Hirt-Herde-Bild Sokrates' Einwand mit einem überzeugenden Gegenbeispiel beantwortet.[82]

Obwohl der Gehalt der Hirt-Herde-Beziehung eindeutig ist und auf nichts anderes hinausläuft als auf den materiellen Profit der Hirten bzw. der Gutsherren durch Fleisch und Felle der Tiere, beharrt Sokrates darauf, die Beziehung zwischen Hirt und Herde sei strikt mit der Beziehung zwischen Arzt und Patient zu analogisieren. So wie der Arzt sich um die Gesundheit seiner Patienten kümmere, nicht aber um sein Honorar, so sei die Behütung der Herde das Werk des Hirten, nicht aber der Braten oder der Kaufpreis der Tiere. Es bedarf keiner philosophischen Schulung, um zu erkennen, daß diese Interpretation der Hirt-Herde-Beziehung absurd ist. Natürlich kümmert sich der Rinder- oder Schafhirt um das Wohl seiner Tiere. Aber dies geschieht nicht um des Wohls der Tiere willen, sondern deshalb, weil vom Wohlergehen der Tiere der Nutzen abhängt, den ihr Fleisch und ihre Felle erbringen. Sokrates tut so, als ob man von diesem Nutzenkalkül absehen könne. Es ist zwar nicht zwingend, daß sich das Hirt-Herde-Beispiel auf den Staat und die Gerechtigkeit anwenden läßt, wie Thrasymachos es wollte, aber es ist falsch, es so zu drehen, daß es auf das Verhältnis von Herrschenden und Beherrschten paßt.

Es gehört zu den folgenreichen Kuriosa der Kulturgeschichte, daß die absurde Sokratisch-Platonische Deutung von Hirt und Herde zur Leitvorstellung von Politik und Religion in christlicher Zeit wurde: Jesus ist der gute Hirte, und die Gläubigen sind seine

Schafe. Der Staatslenker leitet die Herde seines Volkes. Gott und Fürst sorgen sich um das Wohl jedes einzelnen Herdenmitglieds. Zur Präzisierung muß hinzugefügt werden, daß für das griechische Staatsverständnis das Bild von Hirt und Herde nicht zu öffentlicher Wirkung gelangte. Dominierend blieb vielmehr das Bild vom Staat als Schiff ohne Passagiere, d.h. besetzt bloß mit der Schiffsmannschaft. Michel Foucault hat die Wirksamkeit des Hirt-Herde-Bildes für die christliche Zeit betont und dabei hervorgehoben, daß es sich um eine individualisierende Macht handelt: Der Hirte kümmert sich um das Wohl jedes einzelnen Herdenmitglieds, und die Herdenmitglieder sind nicht untereinander zu Gruppen vergesellschaftet, deren Interessen der Hirte zu beachten hätte. Trotz seines Interesses an der Sophistik hat Foucault versäumt, die Entstehung des Bildes als Sokratisch-Platonische Beerbung eines Sophisten zu kennzeichnen.[83]

Es geht, wie bemerkt, nicht darum, Thrasymachos darin recht zu geben, daß er die Hirt-Herde-Beziehung auf die Politik überträgt, sondern darum, daß Sokrates diese Beziehung falsch deutet und dann politisch ausweitet. Damit wurde sophistisches Gedankengut nicht nur übernommen, sondern sachlich sinnwidrig weitergeführt. Der politische Erfolg dieses Fehlers bestand darin, daß er die tragenden Vorstellungen eines nicht-demokratisch organisierten Gemeinwesens bestimmte. Nicht die Gemeinschaftsmitglieder sorgen danach für ihr eigenes und für das allgemeine Wohl, sondern sie gehören jemandem, der sie führt und leitet und der, eben weil sie ihm gehören, über sie nach Belieben bestimmen kann.

Wenn nun das Gerechte ein fremdes Gut ist, dann schließt es die Ungerechtigkeit derjenigen, die es besitzen, also der Herrschenden, ein. Thrasymachos geht im folgenden zu einer wertenden Darstellung über. Die Gerechten sind danach die Törichten, Einfältigen, Gutmütigen: »Du mußt dir aber, o einfältiger Sokrates, die Sache darauf ansehen, daß der Gerechte überall schlechter daran ist als der Ungerechte.« Denn der Gerechte benachteiligt sich selber bei Tauschgeschäften, bei Steuerabgaben, bei der Amtsführung. Ganz anders der Ungerechte: Wenn er Ungerechtigkeiten nur erst im großen Stil verübt, bedeuten sie das größte Glück.

»Am allerleichtesten aber wirst du es erkennen, wenn du dich an die vollendete Ungerechtigkeit (teleotáten adikían) hältst, welche den, der Unrecht getan hat, zum Glücklichsten macht, die aber das Unrecht erlitten haben und nicht wieder Unrecht tun wollen, zu den Elendesten. Dies aber ist die sogenannte Tyrannei (tyránnis), welche nicht im kleinen sich fremdes Gut mit List und Gewalt zueignet, heiliges und unheiliges, Gemeingut und Eigentum, sondern gleich insgesamt alles, was, wenn es einer einzeln veruntreut und dabei entdeckt wird, ihm die härtesten Strafen und Beschimpfungen zuzieht. Denn Tempelräuber und Seelenverkäufer und Räuber und Diebe heißen, die einzeln eine von dergleichen Übeltaten begehen. Wenn aber einer außer dem Vermögen seiner Mitbürger auch noch sie selbst in seine Gewalt bringt und zu Knechten macht, der wird anstatt dieser schlechten Namen glückselig und preiswürdig genannt, nicht nur von seinen Mitbürgern, sondern auch von den anderen, sobald sie nur hören, daß er die ganze Ungerechtigkeit begangen hat.« [84]

Thrasymachos, der selber Zeuge der innenpolitischen Folgen des mörderischen Krieges zwischen Athen und Sparta war, dürfte wissen, wovon er hier redet. Der Historiker Thukydides liefert uns eine konkrete Schilderung ähnlicher Erscheinungen wie derjenigen, von denen Thrasymachos allgemeiner spricht: »Denn die führenden Männer in den Städten, auf beiden Seiten mit einer bestechenden Parole, sie seien Verfechter staatlicher Gleichberechtigung der Menge oder einer gemäßigten Herrschaft der Besten, machten das Gemeingut, dem sie angeblich dienten, zu ihrer Beute [...] nicht daß sie sich dabei eine Grenze gesteckt hätten beim Recht (tu dikaíu) oder beim Staatswohl (te pólei xymphóru) – da war freie Bahn, soweit jede Partei gerade ihre Laune trieb [...] es war alles recht, um nur die Kampfeswut des Augenblicks zu sättigen.« [85]

Im kleinen gilt Ungerechtigkeit als Übel und wird bestraft; im großen ist sie dagegen Kennzeichen politischen Führertums. Wem es gelingt, so Thrasymachos, nicht nur das Vermögen seiner Zeitgenossen, sondern diese selbst in seinen Besitz zu bringen, der wird »glücklich und überglücklich« (eudaímon kai makários) genannt. So gelangt Thrasymachos zu dem Schluß, der seine Ausgangsthese bekräftigen soll: »Auf diese Art, Sokrates, ist die Ungerechtigkeit kräftiger und edler und vornehmer als die Gerechtigkeit, wenn man sie im Großen treibt; und wie ich von Anfang an sagte, das dem Stärkeren Zuträgliche ist das Gerechte, das Ungerechte aber ist das jedem selbst Vorteilhafte und Zuträgliche.« [86] Unauffällig hat der Sophist seine Diskursart gewechselt: Er liefert plötzlich nicht mehr nur Beschreibungen, sondern empfiehlt, ungerecht zu handeln.

Hinsichtlich der Einschätzung des *Sophisten* Thrasymachos herrscht in der Forschung bis heute erhebliche Unsicherheit. Für Karl R. Popper gilt, daß Thrasymachos von Platon als ein »politischer Desperado der schlimmsten Sorte« geschildert wird. [87] Platons Präsentation des Sophisten mag diesen Eindruck nahelegen: Die Beobachtung der Macht- und Parteienkämpfe in Athen könnte den Sophisten zu dem Urteil geführt haben, daß der Wille, gerecht zu sein, zu nichts führt als zu Nachteil und Leid. Maximale Ungerechtigkeit, verstanden als Erbeutung des Gemeinwesens, mag ihm statt dessen als der Schlüssel zur Glückseligkeit erschienen sein. Es könnte sich aber auch anders verhalten. Thrasymachos könnte seinerseits von Sokrates die Kunst der Verstellung (eironía) gelernt haben und die Ungerechtigkeit nur zum Schein anpreisen. Eine andere Interpretationsmöglichkeit ergibt sich, wenn man annimmt, Platon habe den Sophisten in ein argumentatives Abseits drängen wollen, um ihn durch Sokrates leichter widerlegen zu lassen. Und schließlich wäre auch denkbar, daß Thrasymachos ein moralischer Nihilist gewesen ist, für den es weder moralische Tatsachen noch moralische Erkenntnisse gab.

Welche Position Thrasymachos selber vertreten wollte, läßt sich nicht sicher rekonstruieren. Unabhängig von dem ersten Buch der Staatsschrift Platons ist von ihm folgende Bemerkung überliefert worden: »Die Götter haben die menschliche Lebenswelt (ta anthrópina) nicht im Auge. Denn andernfalls hätten sie nicht das größte der Güter für die Menschen außer acht gelassen, die Gerechtigkeit. Denn wir sehen die Menschen diese nicht anwenden.« (DK 85 B 8) Eindeutig ist allerdings auch diese Stelle nicht. *Existiert* eine Gerechtigkeit, ohne daß die Menschen sie benutzen? Oder benutzen die Menschen die Gerechtigkeit nicht, die, *wenn sie existierte*, das »größte Gut« wäre?

Es könnte sein, daß Thrasymachos vor allem durch jene von Thukydides beschriebene Sprachverwirrung hinsichtlich des Gerechten und Ungerechten im Verlauf des Krieges zwischen Sparta und Athen irritiert wurde. Und vielleicht suchte er nach geeigneten Beschreibungen dafür, daß sich Ungerechtigkeit, je größer sie wird, desto mehr auszahlt. Dabei entdeckte er das Modell von Hirt und Herde. Wenn sich die ethische Position des Sophisten kaum rekonstruieren läßt, so besteht der spezifische Gewinn einer Beschäftigung mit Thrasymachos gegenwärtig darin, daß wir den originären, von Sokrates bzw. Platon deformierten Sinn der Hirte-Herde-Analogie für die Politik als sophistischen Gedanken wiederentdecken können. Abschließend stellt sich die Frage, ob Thrasymachos durch Platons Sokrates widerlegt wurde. Recht behält der Sophist allemal mit seinem Hirte-Herde-Bild. Dieses Bild taugt nicht zu der von Sokrates beanspruchten Parallele mit dem Verhältnis von Arzt und Patient.

Thrasymachos überträgt sein Hirt-Herde-Bild auf die Politik und endet konsequent bei einem Besitz- und Ausbeutungsverhältnis, womit er übrigens dem demokratischen Staatsverständnis anderer Sophisten widerspricht. Sokrates überträgt das Hirt-Herde-Bild ebenfalls auf die Politik, unterschlägt aber, daß die Hirten sich nur deshalb um das Wohl der Tiere kümmern, weil sie gute Marktpreise erzielen wollen oder müssen. Anstatt die antidemokratischen Folgerungen des Sophisten zu bekämpfen, setzt Sokrates eine ebenfalls demokratieferne und darüber hinaus in sich absurde Deutung des Hirt-Herde-Bildes in die Welt, wonach die Herrschenden sich um das Wohl ihrer Schäfchen kümmern wie der Arzt um die Gesundheit seiner Patienten.

5. Wahrheit und Erkenntnis

Bis heute wird der Sophistik ein *agnostizistischer* oder *paradoxer* Charakter unterstellt. Kontrastierende Vorstellungen werden danach nicht in einem höheren Konzept aufgehoben.[88] Der Sophistik läßt sich indes kaum insgesamt eine Tendenz zur Paradoxie unterstellen. Vielmehr halten sich paradoxiefreies Denken und das Interesse an paradoxen Zusammenhängen eher die Waage: Versteht man Paradoxie im ursprünglichen Sinn als dasjenige, was gegen die gewöhnliche Sicht geäußert wird (pará ten dóxan), so formulierten die Sophisten etwa in den *Dissoi Logoi* eine paradoxe Identität von Recht und Unrecht. Zu den paradoxen Äußerungen der Sophisten zählen auch die im folgenden zu erörternde Elimination des »ist« durch Lykophron und die im Anschluß zu interpretierende Anschauung des Gorgias über das Nichtseiende – zwei Argumentationsgänge zu dem Problemkreis von Wahrheit und Erkenntnis. Demselben Problemkreis zuzuschreiben ist auch Protagoras' Homo-mensura-Satz, dessen Erörterung dieses Kapitel abschließt: In seiner sinnkritischen Beschränkung auf das menschliche Vermögen bildet er ein Gegengewicht zu den zuvor erläuterten paradoxen Positionen.

Lykophrons Elimination des »ist«

Was wir über Lykophrons Versuch, das Wort »ist« aus Aussagesätzen auszuschließen, wissen, wird einzig in einer Bemerkung
aus der Physikvorlesung des Aristoteles überliefert: »So machten
es denn auch die Jüngeren unter den Vätern der Philosophie zu
ihrer Hauptsorge, doch ja ein Zusammenfallen von Einheit und
Mannigfaltigkeit in ein und demselben Gegenstand auszuschließen. Zu diesem Zwecke entfernten sie, wie etwa Lykophron, die
Kopula aus dem Aussagesatz.«[89] Diese knappe und unscheinbare
Bemerkung könnte eine seltsame Theorie anzeigen: Lykophron,
der Sophist aus dem Umkreis des Gorgias, scheint bereits in den
harmlosesten Aussagesätzen ein Problem erblickt zu haben.
Sätze wie »Gorgias ist weise«, »dieser Tempel ist weiß«, »dieser
Baum ist belaubt« werden als Ausdrücke gedeutet, in welchen
etwas, das eins ist, zugleich als Vielheit erscheint. »Gorgias«,
»dieser Tempel«, »dieser Baum« stehen, so mag Lykophron gedacht haben, jeweils für etwas, das eins und nur eins ist: »Gorgias« bezeichnet genau einen Menschen und nicht mehrere
menschliche Individuen, »dieser Tempel« bezeichnet genau einen
vorhandenen Tempel und nicht mehr usw. Die Subjektausdrücke
beziehen sich auf einfache Entitäten. Dadurch, daß die Subjektausdrücke mit Prädikatausdrücken verbunden werden, geschieht
jedoch – so scheint Lykophron gedacht zu haben – eine Erweiterung. Der Ausdruck »ist weise« fügt dem Gorgias etwas hinzu:
Gorgias ist nun nicht mehr nur der eine »Gorgias«, sondern er
selbst *und* das Weise-Sein; der Tempel ist nicht mehr nur er
selbst, sondern er *und* das Weiß-Sein.

Die Gefahr dieser widersprüchlichen Einheit, die zugleich
Vielheit ist, ließe sich, so könnte Lykophron vermutet haben,
durch ein einfaches Verfahren bannen: Man entfernt das »ist« aus
prädikativen Sätzen. Statt »Gorgias ist weise«, erhält man »Gor-

gias weise«, statt »dieser Tempel ist weiß«, »dieser Tempel weiß«, d. h. eine Art »Telegrammsprache«.

Was aber ist mit der Elimination des »ist« gewonnen? In telegrammsprachlichen Fügungen wie »Gorgias weise« wird dem einen doch wiederum ein zweites beigeordnet. »Weise« tritt neben Gorgias. Zudem sind derartige »telegrammsprachlichen« Ausdrücke deutungsbedürftig, weil sie keine Regel mehr erkennen lassen, nach der das zweite mit dem ersten in Verbindung treten kann. Durch die Konvention des Telegramms, die eine kostensparende Reduktion auf die unbedingt erforderliche Information vorschreibt, wissen wir heute, was gemeint ist, wenn wir ein Telegramm mit dem Text »Mutter krank« erhalten. Wir ergänzen ein — prädikatives — »ist«. Diese Ergänzungsmöglichkeit ist es aber offenbar, die Lykophron nicht wollte, denn mit ihr wäre der Ausdruck »Gorgias weise« äquivalent zu »Gorgias ist weise«.

Angenommen also, Lykophron erblickte in Ausdrücken wie »Gorgias weise«, »dieser Tempel weiß« usw. keine bloßen Kurzformen für die entsprechenden prädikativen Sätze, sondern Angaben über die Einheit des Bezeichneten. Worauf liefe dies hinaus? »Weiß« würde dann zum Begriff des Tempels gehören, »weise« zum Begriff des Gorgias usw. Das aber würde Sätze wie »Gorgias (ist) weise« zu Sätzen von demselben Typ werden lassen wie »ein Kreis (ist) rund«, »ein Junggeselle (ist) unverheiratet«: Lykophron würde rein analytische Sätze produzieren

Diese Konsequenz scheint jedoch nicht akzeptabel. »Gorgias ist weise« oder »dieser Tempel ist weiß« sind empirisch gehaltvolle Aussagen, in denen etwas über etwas mitgeteilt wird, was in den Subjektausdrücken nicht bereits enthalten ist. Gorgias kann weise, aber auch unklug, unphilosophisch, gerissen, geizig, naiv usw. sein. Daß er weise ist, läßt sich aus seinem bloßen Begriff nicht ablesen.

Lykophron scheint davon ausgegangen zu sein, daß gewöhnliche Aussagesätze wie »Gorgias ist weise« bereits eine Paradoxie enthalten: Das einheitliche »Subjekt« wird seiner Meinung nach durch das Prädikat vervielfältigt und verunreinigt. Wie häufiger in der Philosophiegeschichte zu beobachten, beruht diese Diagnose auf einer Verwechslung im Hinblick auf das Wörtchen »ist«. Denn in Aussagesätzen wie »Gorgias ist weise« wird der Subjektausdruck gar nicht durch das »ist« verfärbt. Eine »Färbung« des Subjekts läge vielmehr nur dann vor, wenn das »ist« in einem Sinn wie in Sätzen wie »Shakespeare ist Bacon« verwendet würde: Der — empirisch unzutreffende — Satz »Shakespeare ist Bacon« drückt mit Hilfe des »ist« keine Prädikation, sondern eine Identität aus. Lykophron scheint also prädikative Sätze mit Identitätssätzen verwechselt zu haben.

Die logisch-semantische Prüfung der Annahme Lykophrons sollte nicht vergessen lassen, daß er am Ende auf eine vielleicht »archaische« Verweigerung von Vielheit zurückgeht. Es ist möglich, daß in der griechischen Antike »Ding« und »Vielheit« nur so vereinbar vorgestellt wurden, daß es zwar viele Dinge, nicht aber vielfältig beschaffene Dinge gibt. Friedrich Nietzsche, der selbst einem erheblichen Irrtum in der Verwendung des Wörtchens »ist« unterlag, hat einmal bemerkt: »[...] ungeheure Zeiten hindurch galt auf Erden ein Ding als gleich und zusammenfallend mit einem einzigen Merkmal, zum Beispiel mit einer bestimmten Farbe. Die Vielheit der Merkmale an einem Ding wurde mit der größten Langsamkeit zugestanden: noch aus der Geschichte der menschlichen Sprache sehen wir ein Widerstreben gegen die Vielheit der Prädikate.«[90]

Gorgias: Es ist nichts

Wir wissen, daß Gorgias in den Jahren 444 bis 441 v. Chr. eine Schrift mit dem Titel *Über das Nichtseiende* verfaßte, aber wir besitzen heute nicht einmal mehr Bruchstücke davon. Die Argumentation ist uns jedoch in Gestalt von zwei Zusammenfassungen aus späterer Zeit zugänglich.

Im allgemeinen wird heute dem Bericht in der – bei Diels und Kranz nicht abgedruckten – Pseudo-Aristotelischen Schrift *Über Melissos Xenophanes Gorgias (MXG)* der Vorzug vor dem Referat des Sextus Empiricus, *Adversus mathematicos* 7,65 ff. gegeben. Das Referat in *MXG* setzt mit der Nennung von drei Thesen ein, die Gorgias beweisen will: »Er behauptet, daß gar nichts sei; wenn doch etwas ist, sei es nicht erkennbar (ágnoston); wenn aber doch etwas sowohl ist als auch erkennbar ist, sei es jedoch anderen nicht zu verdeutlichen (u delotón állois).«[31]

Diese Behauptungen bilden die sicherlich offenkundigste Provokation, die die Sophistik kennt. Unstrittig ist, zu wessen Position Gorgias eine Antithese vorlegt: Es handelt sich erneut um Parmenides, um die schon erwähnten beiden Wege, gemäß denen er beweist, daß nur Seiendes existieren kann und zu denken möglich ist. Gorgias kehrt in seinem Gedankengang die Argumentation des Parmenides-Schülers Zenon (ca. 480/85-445/40 v. Chr.) um. Hatte Zenon zeigen wollen, daß sich Paradoxien ergeben, wenn man das eine und singuläre Etwas, also das Seiende (to on) verläßt und statt seiner Vielheit und Bewegung annimmt, so will Gorgias umgekehrt beweisen, daß man, wenn man das Seiende des Parmenides als gültig unterstellt, gar nichts vorstellt, sondern vielmehr bloß ein Nichtseiendes (me on) annimmt.

Das Referat zu Gorgias fährt an der zuvor zitierten Stelle von *MXG* fort: »Und daß nichts ist, schließt er, indem er zusammenstellt, was von anderen gesagt worden ist, die in ihren Äußerungen über das Seiende unter sich offenbar widersprüchliche Behauptungen aufstellen, da nämlich die einen es als eines und nicht vieles, die anderen aber wiederum als vieles und nicht eines und jene es als ungeworden, diese aber als geworden aufweisen; er schließt also dies gegen beide Seiten.« Gorgias argumentiert hier mit der Widersprüchlichkeit: Wenn etwas als eines und ungewordenes und dasselbe als vieles und entstandenes vorgestellt wird, so verrechnen sich beide Ansichten wie Plus und Minus zu Null. Diese Argumentation wäre allerdings nur dann überzeugend, wenn Gorgias zeigen könnte, daß beide Seiten tatsächlich gleich stark sind. Sonst nämlich kann immer noch etwas bestehen, nur eben nicht so, wie die einander ausschließenden Konzepte es wollen.

Das erste Argument für die These des Gorgias, daß nichts ist, lautet: »Wenn nämlich das Nichtsein Nichtsein ist, dürfte wohl das Nichtseiende um nichts weniger sein als das Seiende. Denn sowohl das Nichtseiende ist nichtseiend, als auch das Seiende ist seiend, so daß um nichts mehr sind als nicht sind die Dinge.«[92] Die Argumentation ist zunächst hypothetisch aufzufassen: Wenn man annähme, daß man von Nichtsein sagt, daß es Nichtsein *ist*, dann würde das Nichtsein nicht mehr auszuschließen sein aus dem Bereich des Seienden. Mehr noch, wenn man zugäbe, daß Nichtsein ist, so hätte man eigentlich schon zugegeben, was Gorgias behauptet – eben daß »nichts ist«. Nun kann »nichts ist« auch bedeuten, daß weder Nichtseiendes noch auch Seiendes ist. Warum soll aber eingeräumt werden, daß Nichtsein ist? Aus dem Referat wird nicht deutlich, wie Gorgias den Satz »wenn nämlich das Nichtsein Nichtsein ist« (ei men gar to me eínai esti to me eínai) verstanden wissen wollte. Nach unserem heutigen Verständnis wird mit ihm nur dann eine sinnvolle Aussage getroffen, wenn »ist« darin als »bedeutet« verstanden werden könnte, man also auch lesen könnte: »wenn nämlich das Nichtsein Nichtsein bedeutet«. Dann allerdings würde sich Gorgias' Beweis gegen Null abschwächen, denn der Satz »Nichtsein bedeutet Nichtsein« ist eine tautologische Erklärung.

Bliebe man hierbei stehen, so wäre über Gorgias' Schrift zu urteilen, wie es in der Tat einige Interpreten tun: Sie wäre unseriös, eine Farce. Andere haben dagegen geltend gemacht, daß Gorgias sich auf die Voraussetzung des Parmenides, daß nur Seiendes existiert, einläßt und aus ihr Widersprüche ableitet.[93]

Es könnte in der Tat der Fall sein, daß Gorgias jenen Fehler bei Parmenides wahrgenommen hat, den auch wir heute wahrnehmen: In dem bereits angesprochenen Fragment DK 28 B 2 verwendet Parmenides den Existenzbegriff als Prädikat. Wir rekonstruierten seine subjektlose Aussage als »(etwas Singuläres) ist«, d. h., daß etwas existiert, ist seine Eigenschaft. Das aber, so lehrte uns Kant, ist nicht zulässig, weil »sein« kein Prädikat ist.[94] Dieser Fehler könnte nun von Gorgias erkannt und dazu benutzt worden sein, vom Nichtsein zu behaupten, daß ihm die Eigenschaft zukomme zu existieren. Es ist müßig, zeigen zu wollen, daß Gorgias die uns seit Kant geläufige Kritik der Vermischung von Existenzaussage und Prädikation bereits kannte, denn die Überlieferungslage läßt dies nicht zu. Was möglich bleibt, ist eine Deutung von *MXG* im Licht dieser Kritik, deren Vorteil es ist, eine echte Alternative zu jener tautologischen Explikation von »Nichtsein bedeutet Nichtsein« zu bieten. Jetzt nämlich läßt sich sagen: »Nichtsein ist Nichtsein« ist gleichbedeutend mit »Nichtsein besitzt die Eigenschaft, daß es existiert, und zwar als Nichtsein«. Damit würde Gorgias den Fehler des Parmenides hinsichtlich des Seins spiegelbildlich und in kritischer Absicht für das Nichtsein wiederholen.

Das zweite grundlegende Argument für Gorgias' These, daß nichts ist, lautet: »Wenn aber dennoch das Nichtsein ist, so ist, sagt er, das Sein nichts, als dessen Gegenteil. Denn wenn das

Nichtsein ist, gehört es sich, daß das Sein nicht ist. Daher dürfte auf diese Weise, sagt er, nichts sein, wenn es nicht dasselbe ist, zu sein und nicht zu sein.« [95] Wenn wir Parmenides' Argumentation voraussetzen, sind wir jetzt mitten in Konsequenzen, die sich wie von selbst ergeben. Wenn man vom Nichtsein annimmt, daß es existiert, und wenn nur zwei einander ausschließende Wege diskutierbar sind – Sein einerseits und Nichtsein andererseits –, dann müßte die Bejahung des Nichtseins die Verneinung des Seins einschließen.

Das dritte Argument für die These, daß »nichts ist«, setzt Sein und Nichtsein gleich: »Wenn aber dasselbe, dürfte es auch so nichts sein; denn auch dann ist sowohl das Nichtseiende nicht als auch das Seiende, da es ja dasselbe ist wie das Nichtseiende.« [96] Wenn statt einer Gegensätzlichkeit, in der Sein und Nichtsein einander ausschließen, angenommen wird, daß beide – Sein und Nichtsein – identisch sind, und wenn man ferner annimmt, daß Nichtsein nicht ist, dann muß auch das Sein infolge der Identitätsrelation (Sein gleich Nichtsein) nicht sein.

Es ist nicht klar ersichtlich, aus welchen – in dem Referat nicht erscheinenden – Zwischenschritten Gorgias zu der dritten grundlegenden Argumentation kommt. Offenbar hat er jedoch eine Prämisse verändert. Zuvor galt: Dem Nichtsein kommt die Eigenschaft der Existenz zu. Jetzt aber gilt: Dem Nichtseienden kommt die Eigenschaft der Existenz nicht zu. Auch ist von der Bezeichnung »das Nichtsein« (»to me eínai«) zu »das Nichtseiende« (»to me on«) gewechselt worden. Ob das jedoch relevant war, läßt sich heute nicht mehr erschließen.

Die restlichen Argumente des Gorgias für seine These, daß nichts existiere, werden so referiert, daß er ein Entweder-Oder angenommen habe und daß er schloß, daß etwas nicht existiert, wenn es sich weder dem einen noch dem anderen zuordnen läßt. [97] Dieses den Zenonischen Paradoxien ähnelnde Verfahren führt im Fall des Ungewordenseins bzw. des Gewordenseins zu einer Argumentation, die sich wie folgt darstellen läßt: Entweder ist ein singuläres Etwas ungeworden (agéneton), oder es ist geworden (genómenon). Nun läßt sich aber zeigen, daß es weder das eine noch das andere ist, daß es also nicht existiert: »Und wenn ungeworden, so faßt er [Gorgias] dies als unbegrenzt auf nach den Axiomen des Melissos; das Unbegrenzte aber könne nicht irgendwo sein. Weder nämlich könne es in sich selbst noch in einem anderen sein; denn so wären es zwei oder mehr, sowohl das Darinseiende wie das, worin (es ist). Was aber nirgends ist, sei auch nicht, nach Zenons Argument über den Raum.«[98] Einmal mehr wird hier deutlich, daß die Sophistik enger mit der Philosophie vor ihrer Zeit verzahnt ist, als gemeinhin angenommen wird. Gorgias spielt hier mit eleatischen Argumenten: Wenn das Existierende ungeworden ist, so könnte es zum Beispiel als etwas räumlich und zeitlich Unbegrenztes aufgefaßt werden. Gorgias kann sich hier auf den Eleaten Melissos (ca. 410-ca. 360 v. Chr.) berufen, der geschrieben hatte:

»[30 B 1] Immerdar war, was da war, und immerdar wird es sein. Denn wäre es entstanden, so müßte notwendigerweise vor dem Entstehen nichts sein. Wenn nun nichts war, so könnte unter keinen Umständen etwas aus nichts entstehen. [B2] Weil es nun nicht entstanden ist, so ist es und war immerdar und wird immerdar sein und hat keinen Anfang und auch kein Ende, sondern ist unendlich. Denn wäre es entstanden, so hätte es einen Anfang (denn es müßte ja, wenn entstanden, einmal angefangen haben) und ein Ende (denn es müßte ja, wenn entstanden, einmal geendet haben); da es aber weder angefangen noch geendet hat, so war es immerdar und wird immerdar sein und hat keinen Anfang und auch kein Ende; denn unmöglich kann immerdar sein, was nicht ganz und gar ist. [B3] Sondern gleich, wie es immerdar ist, so muß es auch der Größe nach immerdar sein. [B4] Nichts, was Anfang und Ende hat, ist ewig oder unendlich. [B5] Wäre es nicht eines, so wird es gegen ein anderes eine Grenze bilden.«[99]

Laut Melissos also existiert ein *singuläres* Sein, das ungeworden sowie zeitlich ohne Grenzen ist. Weil dieses Sein nicht entstanden ist, folgert Melissos, daß es nicht vergeht und daß es räumlich ohne Grenzen ist. Gorgias tastet die Argumentation des Melissos nicht an, sondern geht von ihrem Ergebnis aus. Sein Einwand legt zugrunde, daß Dasein bedeutet, irgendwo zu sein (eínai pu), und irgendwo heißt in sich (en hautó) oder in einem anderen. Das aber impliziert, daß zweierlei besteht, nämlich das Sein und der Platz, worin es ist. Das Sein nach der Bestimmung des Melissos aber ist eines und ohne Grenze gegen anderes. Es kann nur nirgendwo sein und bildet daher kein Dasein.

Im folgenden argumentiert Gorgias, daß es nicht möglich sei, das Sein als etwas Gewordenes aufzufassen: »Werden könne doch nichts, weder aus Seiendem noch aus Nichtseiendem. Denn wenn das Seiende umschlüge, wäre es nicht mehr das Seiende, ebenso wie doch, wenn das Nichtseiende würde, es nicht mehr nichtseiend wäre.«[100]

Spätestens an dieser Stelle erhält die Argumentation des Gorgias einen komödiantisch-ironischen Zug. Denn jetzt macht er sich zum Anwalt seiner Gegner, der Eleaten, die ausschließen, daß es ein Werden gibt. Gorgias bestätigt zum Schein alle Argumente der Eleaten gegen die Möglichkeit eines Werdens, weil er beweisen will, daß das Sein nicht ungeworden sein kann.

Die zweite These des Gorgias im Zusammenhang mit seiner Argumentation über das Nichtseiende lautete: Selbst wenn etwas existierte, so würde es nicht erkennbar sein. Der Beweisgang ist schwerer zu verstehen als der für die erste These. Er beginnt in der knappen Fassung von *MXG* mit der Bemerkung: »Alles überhaupt im Sinn Gehabte (hápanta ta phronúmena) müsse sein und das Nichtseiende, wenn es doch nicht ist, auch nicht im Sinn gehabt werden können (phroneísthai).«[101] Auch diese Angabe situiert sich wieder im Kontext der Eleaten und besitzt über diesen hinaus wenig Überzeugungskraft. Denn wir können durchaus etwas »im Sinn haben«, ohne daß es existiert. Alle Planungen, alle Vorhaben, kurz alle Intentionen bilden ein »Im-Sinn-Haben« genau dann, wenn das, was wir im Sinn haben, *nicht* existiert. Es ist denkbar, daß sich Gorgias dieses Einwandes bewußt war, ohne daß es im Text des Referats sichtbar wird. Wenn es so war, kam jene eingangs bemerkte Bedeutungsverschiebung des Begriffs »lógos« von »Einheit von Rede und Sachverhalt« zu »Beeinflussungskraft« zur Geltung. Denn wenn »lógos« Beeinflussungskraft bedeutet, dann bezieht sich das Sagen und Denken nicht notwendig auf etwas (Singuläres), das notwendigerweise existiert. Vielmehr ist das Sagen und Denken dann ungebunden und in der Lage, Wirkungen hervorzubringen, obwohl das, wovon geredet wird, gar nicht existiert.

Das Referat fährt fort:

»Wenn es sich aber so verhält, könnte wohl niemand einen Irrtum aussprechen, sagt er, nicht einmal wenn er behauptete, daß auf dem Meer Wagen um die Wette fahren. Denn alles dieses wäre ja. Denn auch, was gesehen und gehört wird, ist (ja nur) dadurch, daß jedes davon im Sinn gehabt wird. Wenn aber nicht dadurch (etwas schon ist), dann ist indes genauso — wie das, was wir sehen, [dadurch] um nichts mehr ist — auch was wir sehen, [nicht] mehr als [das, was] wir uns ausdenken (dianoúmetha). Ebenso nämlich, wie dort viele dasselbe sehen könnten, könnten auch hier viele dasselbe sich ausdenken; wodurch dasjenige allerdings nicht mehr *ist*. Welche aber die wahren Dinge (talethé) sind, ist unklar. Daher seien, auch wenn etwas ist, uns jedenfalls die Dinge unerkennbar.«[102]

Diese Darstellung läßt ein wenig an Klarheit zu wünschen übrig. Offenbar soll ausgedrückt werden, daß sich mit der Erkenntnisvoraussetzung der Eleaten (daß alles im Sinn Gehabte sein, existieren müsse) wahre und falsche Aussagen nicht mehr voneinander trennen lassen. Wenn nämlich gelten soll, daß das im Sinn

Gehabte bereits auf Existierendes verweist, dann müßte auch bloß Ausgedachtes auf Existierendes verweisen. Von Ausgedachtem wissen wir jedoch, daß es nicht wahr ist, und wir können von ihm aus nicht auf Existenz schließen. Parmenides und seine Schule wollten Irrtum ausschließen. Sagen und Denken bezogen sie auf Existenz, und zwar offenbar ist einer — heute so bezeichneten — nichtpropositionalen Weise. Danach wird etwas gedacht, aber es wird nicht gedacht, daß es sich so und so verhält. Wie konstruieren heute »Denken« statt dessen so, daß gedacht wird, *daß* etwas sich so und so verhält, d. h. in propositionaler Weise. Wenn Denken propositional ist, d. h. Aussagen impliziert, dann sind seine Gegenstände entweder wahr oder falsch. Gorgias baut seine Kritik jedoch nicht auf eine Parmenides unterstellte Nichtbeachtung der propositionalen Struktur von »Denken« (d. h.: denken, daß) auf: Er argumentiert, daß für Denken, sofern es als »Denken von etwas Existierendem« konstruiert wird, keine Kriterien gibt, mit Hilfe deren man es von Fiktionen trennen könnte. Eine Möglichkeit der Rettung der eleatischen Position wäre jedoch vielleicht die Einbeziehung der sinnlichen Wahrnehmung, denn es wird doch *etwas* gesehen und *etwas* gehört? Garantieren Hören und Sehen aber bereits die Existenz des Gehörten oder Gesehenen? Gorgias antwortet: Mitnichten. Sehen und Hören sind Bewußtseinsvorgänge, ein Vorgestelltwerden, Im-Sinn-Haben (phroneísthai). Wahrnehmen und Fingieren können also nicht in der Weise unterschieden werden, daß man dem ersteren Existenzcharakter zuspricht. Ein weiteres Gegenargument provoziert die These der Eleaten, daß die Menge der Wahrnehmenden die Existenz des Wahrgenommenen sichert. Doch auch dagegen verwahrt sich Gorgias: Zwar können viele dasselbe sehen oder hören, doch folgt daraus nicht, daß das Wahrgenommene existiert. Denn es könnten sich ja auch viele dasselbe nur ausdenken. Daraus folgt für Gorgias, daß mit keiner unserer Möglichkeiten des Vorstellens die wahre Beschaffenheit von etwas erkannt werden kann.

Die dritte These des Gorgias im Zusammenhang mit seiner Beschäftigung mit dem Nichtseienden lautet: Wenn die Dinge doch erkennbar wären, so könnten sie einem anderen nicht verdeutlicht werden. Es besteht unter den Interpreten Einigkeit darüber, daß Gorgias mit dieser Behauptung philosophisches Neuland betritt.[103] Wir haben es hier, um es paradox zu formulieren, mit einem Stück Philosophie unserer Zeit zu tun, denn Gorgias' These wird nur dann verständlich, wenn man sie vor dem Hintergrund heutiger Philosophie betrachtet. Das Thema, um das es hier geht, lautet: Ist Existenzerfahrung sprachlich mitteilbar? Ein Problem in diesem Kontext lautet: Ist Sprache auf den, der sie äußert, beschränkt, ist sie also privat? Das Referat zu Gorgias bemerkt diesbezüglich:

»Wenn die Dinge aber auch erkennbar wären, wie könnte sie einer, sagt er, einem anderen verdeutlichen? Denn was man *sah*, wie sollte man dies durch *Rede* aussprechen? Bzw. wie könnte jenes dem Hörer deutlich werden, wo er's nicht sieht? Wie nämlich auch das Sehen nicht Laute erkennt, so auch hört das Gehör keine Farben, sondern Laute. Und es spricht, wer spricht – aber nicht eine Farbe und auch kein Ding. Was nun einer nicht auffaßt, wie wird er das von anderer Seite durch Rede (lógo) oder irgendein Zeichen (semeío tiní), andersartig als das Ding, auffassen, außer eben im Fall einer Farbe, sehend, im Fall eines [Geräusches], hörend? Denn im Prinzip redet, wer spricht, kein [Geräusch] und auch keine Farbe, sondern eine Rede. Daher ist eine Farbe auch nicht auszudenken, sondern zu sehen, ebenso kein Geräusch, sondern zu hören.«

Aus der Sicht des Sprechenden soll also gelten: Das, was jemand sieht, kann er nicht mit Worten ausdrücken. Und aus der Sicht des Hörenden soll gelten: Was er nicht selbst sieht, kann er den Worten dessen, der es gesehen hat, nicht entnehmen. Die Dinge bzw. das Wahrgenommene sind nämlich anders als das, was die Rede, den Logos ausmacht. Wer spricht, spricht – »légei ho légon« –, Subjekt und Prädikat des Sprechens ist Sprechen, nicht aber eine Farbwahrnehmung oder ein Ding (prágma). Ferner gilt, daß der Hörer nur Laute hört. Diese aber können nicht Gesichtswahrnehmungen vertreten, weil Wahrnehmungen einander überhaupt nicht vertreten können. Daraus folgt für Gorgias: Selbst wenn jemand etwas erkennen würde, so könnte er Wahrnehmungen oder Dinge nicht in den Logos übersetzen, weil dieser von den Dingen und den Wahrnehmungen verschieden ist.

Die dritte These wird zunächst damit begründet, daß das, was ist, nicht in etwas ganz und gar anderes, nämlich in die Rede (»lógos«) verwandelt werden könne. Das alte Logosverständnis, die Einheit von Rede und dem, worüber geredet wird, gilt für Gorgias offenbar nicht mehr. Logos ist nur noch Rede, nicht mehr zugleich die bezeichnete Sache selbst. Nun scheint Gorgias zu weit zu gehen und die Rede nicht einmal mehr als Bezugnahme auf die Welt zuzulassen. Entweder, scheint er zu fordern, gelangen die Dinge in die Rede hinein oder nicht. Wenn aber nicht, dann ist Mitteilung unmöglich. Übersieht er dabei nicht ein Drittes, nämlich die Bezugnahme auf die Welt mittels Zeichen der Sprache? Offenbar nicht, denn er spricht ausdrücklich von »Rede oder irgendein Zeichen (semeío)«. Man kann folglich noch weiter gehen und sagen: Für Gorgias bringt auch der Zeichencharakter der Sprache keine Lösung, sondern nur eine andere Fassung des Problems. Denn wie ist es zu verstehen, daß Zeichen, die selbst nicht das sind, was sie bezeichnen – es sei denn, es handelt sich um natürliche Zeichen wie z. B. Fußspuren im Erdboden, die hier aber nicht gemeint sind –, sich dennoch passend auf Wirkliches beziehen? Wie, so könnte Gorgias fragen, gelangen die Dinge in Beziehung zu Zeichen, so daß sie durch sie passend bezeichnet sind? Gorgias stellt offenbar tatsächlich die gesamte repräsentationistische Deutung von Sprache und Welt in Frage.

Gorgias geht mit seiner Argumentation einen Weg sukzessiver und ausschöpfender Negationen. Die jeweils negierte Annahme wird hypothetisch bejaht, um dann eine weitere Negationsmöglichkeit freizulegen: Nichts existiert; wenn aber etwas existiert, so könnte es nicht erkannt werden; könnte es erkannt werden, so wäre es nicht mitteilbar. Die letzten beiden Schritte seines Gedankengangs lauten: Wenn sich das Erkannte auch mitteilen ließe, so könnte der Hörende nicht dasselbe unter dem Mitgeteilten verstehen wie der Sprecher, denn dasselbe kann nicht gleichzeitig in zwei Personen sein. Und: Selbst wenn in verschiedenen Personen dasselbe wäre, so würde es den Betroffenen nicht als gleichartig vorkommen:

»Wenn es aber auch möglich ist zu erkennen und, was man erkennt, zu sagen — wie aber sollte dann der Hörende dasselbe auffassen? Denn es ist nicht möglich, daß dasselbe zugleich in Mehreren und getrennt Seienden ist; zwei nämlich wäre dann Eins. Aber wenn es auch, sagt er, in Mehreren wäre und dasselbe, so hindert nichts, daß ihnen Ungleiches erscheint, indem jene nicht überall gleich und in derselben Lage wären; wären sie nämlich in derselben Lage, wären sie wohl einer und nicht zweie. Es scheint aber, daß nicht einmal derselbe mit sich selbst Gleiches wahrnimmt zur selben Zeit, sondern Verschiedenes durch das Gehör und das Sehen, sowie unterschiedlich jetzt und zuvor. Daher könnte wohl erst recht keiner dasselbe wie ein anderer wahrnehmen. Auf diese Weise also könnte, wenn etwas erkennbar ist, keiner es einem anderen verdeutlichen, sowohl weil die Dinge keine Reden sind, als auch weil keiner mit einem anderen dasselbe auffaßt.«[104]

Die These, daß Gleiches nicht zugleich in verschiedenen Personen vorgestellt werden kann und deshalb Mitteilung nicht möglich ist, scheint sich mit den Argumenten Ludwig Wittgensteins gegen die Möglichkeit einer rein privaten Sprache zu erledigen: Wenn es keine Sprachen geben kann, die rein privat nur für einzelne Personen funktionieren, dann scheint ein und derselbe

Logos (hier L genannt) auch die Verstehbarkeit einer Mitteilung einzuschließen. Eines der Argumente Wittgensteins gegen private Sprachen ist, daß Wortbenutzungen ausschließlich Benutzungen durch Sprachgemeinschaften beinhalten. Legt man dies zugrunde, so scheint es absurd zu sein, einerseits von Mitteilungen zu sprechen und andererseits zu behaupten, diese seien für den Hörer von Äußerungen nicht verstehbar. Mit einer solchen Kritik macht man es sich Gorgias gegenüber jedoch zu leicht. Denn er hat vermutlich doch noch etwas im Auge, das durch das Wittgenstein-Argument gegen private Sprachen nicht erledigt wird: die Nachzeitigkeit von Hören und Verstehen. Verstehen erfolgt nach dem Anhören von Äußerungen. Das bedeutet, daß L zu einer bestimmten Zeit gehört und erst zu einer anderen Zeit verstanden wird. Gleichgültig, wie gering das Intervall zwischen beiden Zeiten auch sein mag, ein Verfließen von Zeit zwischen Hören und Verstehen ist notwendig, weil jede Äußerung zunächst als etwas Abgeschlossenes vorliegen muß, bevor sie gänzlich verstanden wird.

Gorgias' letzte These, daß selbst, wenn in verschiedenen Personen dasselbe wäre, es ihnen nicht als dasselbe vorkommt, räumt eine gewisse Intersubjektivität ein. Ein Logos ist zugleich in mehreren Personen, und dennoch ist eine Mitteilung desselben Gehaltes nicht möglich, weil die einzelnen nicht einmal zu gleichen Wahrnehmungen in der Lage sind.

Es fragt sich dennoch, ob Gorgias unseren modernen Auffassungen von intersubjektiver Kommunikation nicht doch noch etwas entgegensetzen kann. Um diese Frage zu beantworten, ist ein zweites Mal auf Wittgensteins Argumente gegen die Möglichkeit privater Sprachen zurückzukommen: Gorgias letzte Position besteht in einfachster Formulierung darin, daß die Annahme von Intersubjektivität nichts zur Sicherung des Verstehens der Mitteilung nützt, weil verschiedene Wahrnehmungen bestehen. Demgegenüber hebt Wittgenstein hervor, daß ein Betonen privater Empfindungen nichts nützt, wenn nicht eine intersubjektive Sprache angenommen wird, die die gemeinsame Verwendung von Ausdrücken für Empfindungen gewährleistet. Nun ist von Empfindungen bei Gorgias nicht eigentlich die Rede. Dennoch wird Gorgias' These mit Wittgensteins vergleichbar, denn er spricht davon, wie jeder etwas »auffaßt« (ennoeí). Gorgias' Argumentation lautet entsprechend: Intersubjektivität von Sprache nützt nicht zur Verständigung, weil verschiedene Auffassungen vorliegen. Wittgensteins Argument dagegen besagt: Es nützt nichts, private Auffassungen (oder eben Empfindungen) zu betonen, sofern keine intersubjektive Sprache besteht, die gemeinsame Kriterien für das Ausdrücken von Auffassungen (bzw. Empfindungen) enthält.

Wittgenstein gibt folgenden Zusammenhang zu bedenken: Sobald wir davon sprechen, daß uns verschiedene Auffassungen A, B usw. gegeben sind, so setzt dies bereits gemeinsame Kriterien der Anwendung von Ausdrücken für A, B usw. voraus. Angenommen, eine Person empfindet eine bestimmte Musiklautstärke als leichten Schmerz, eine andere Person dagegen erlebt dieselbe Musiklautstärke als leichte Lust – das würde laut Gorgias ausreichen, um die Verständigung grundsätzlich zu stören. Er nimmt dabei jedoch eine gemeinsame, d. h. intersubjektive Sprache in Anspruch, mit Hilfe derer von »leichtem Schmerz« oder von »leichter Lust« erst gesprochen werden kann. »Leichter Schmerz« liegt dann vor, wenn irgend jemand, gleichgültig unter welchen Bedingungen, sagt, daß er dies und das – zum Beispiel Druck oder Stechen – unangenehm empfindet. Zwar sind die Empfindungen seine eigenen, aber die Sprache, deren er sich zu ihrer Bezeichnung bedient, enthält eine gesellschaftliche Regelung darüber, wann von »leichtem Schmerz« gesprochen werden kann und wann nicht. Sprache, die Aussagen über Privates trifft, setzt voraus, selbst nichts Privates zu sein.[105] Soweit wir erkennen können, hat Gorgias diese oder vergleichbare Argumente noch nicht erwogen. Seine Negationsketten im Hinblick auf den Existenz- oder Wahrheitsgehalt der Nichtseienden finden daher zumindest an dieser Stelle eine Grenze.

Protagoras: Der Mensch als Maß aller Dinge

Der im Fragment DK 80 B 1 überlieferte Satz des Protagoras vom Menschen als Maß aller Dinge gehört zu den bekanntesten Sätzen der Philosophie überhaupt. Er lautet: »Aller Dinge Maß ist *der* Mensch, der seienden, *daß* sie sind, der nicht seienden, *daß* sie nicht sind.« Diese Übersetzung gibt jedoch nur einen Teil der verschiedenen Interpretationsmöglichkeiten des Originals wieder. Hier noch drei weitere Übersetzungen: »Aller Dinge Maß ist *ein* Mensch, der seienden, daß sie sind, der nicht seienden, daß sie nicht sind«; und: »Aller Dinge Maß ist der Mensch, der seienden, *wie* sie sind, der nicht seienden, *wie* sie nicht sind«; und schließlich: »Aller Dinge Maß ist *ein* Mensch, der seienden, *wie* sie sind, der nicht seienden, *wie* sie nicht sind.« Die verschiedenen Übersetzungen sind zugleich Ausgangspunkte für verschiedene Interpretationen des Protagoras-Satzes, der den lateinischen Namen »Homo-mensura-Satz« (»Mensch-Maß-Satz«) erhielt. Zur Vermeidung umständlicher Formulierungen kürzen wir den Satz mit M ab.

Die berühmte Äußerung des Protagoras scheint auf den ersten Blick unmittelbar verständlich: Alles wird am Menschen gemessen. Er ist das Wesen, das nicht anders verfahren kann, als alles auf sich zu beziehen. Erkenntnis, Wahrheit, aber auch das Gute und das Schöne sind letztlich anthropologisch verstehbar. M bildet die Formel für die anthropologische Relativität alles Wissens von dem, was ist. »Denn die Menschen messen nicht nur andere Menschen, sondern auch alle anderen Dinge an sich selbst, und da sie nach einer Bewegung Schmerz und Schlaffheit fühlen, denken sie, jedes andere Ding werde der Bewegung müde und strebe aus freien Stücken nach Ruhe, ohne viel zu überlegen, ob dieses Verlangen nach Ruhe, das sie in sich finden, nicht etwa in einer anderen Bewegung besteht.« – So interpretiert Thomas Hobbes (1588-1679) M in seinem 1651 erschienenen *Leviathan*.[106] Vergleicht man die Bemerkung von Hobbes mit dem 2000 Jahre älteren M des Sophisten, so fällt auf, daß Hobbes die Tatsache, daß die Menschen alles an sich messen, ganz und gar kritisch sieht. M beschreibt nach seinem Urteil die Quelle der Irrtümer, denen die Menschen üblicherweise erliegen.

Ein halbes Jahrhundert vor Hobbes hatte Francis Bacon (1561-1626) bereits vermerkt, »die Behauptung, der menschliche Sinn sei das Maß der Dinge, ist unzutreffend; im Gegenteil, alle Wahrnehmungen der Sinne ebenso wie des Geistes geschehen nach Maßgabe des Menschen, nicht nach Maßgabe der Welt. Der menschliche Verstand gleicht einem Spiegel, der die von den Dingen ausgehenden Strahlen nicht gleichmäßig zurückwirft, sondern seine Natur in die Dinge hineinmischt, diese somit entstellt und verfälscht.«[107] Hobbes räumt noch ironisch eine Gültigkeit von M ein. Bacon dagegen hält M für schlechthin falsch. Mensch und Welt müßten vielmehr voneinander getrennt werden. Der Mensch verfälsche die Natur. Vom Menschen dürfe daher nicht ausgegangen werden, wenn es darum gehe, Naturwissenschaft zu betreiben.

Es gibt keinen Hinweis darauf, daß M von Protagoras gleichfalls kritisch gegen den Menschen als Erkenntnisquelle formuliert wurde; vielmehr versteht er M ganz offenbar positiv. Das besagt zweierlei: Erstens trifft es zu, daß alle Erkenntnis relativ zum Menschen gilt; und zweitens gibt es dazu keine Alternative,

d. h., wir können keine Natur, keine Welt so konzipieren, daß wir dabei von den Relationen zum Menschen abstrahieren. Protagoras nimmt mit M eine Begrenzung sinnvoller Aussagen vor, indem der Mensch zu ihrer Bemessungsgrundlage wird.

Eine Beschränkung des Erkenntnisvermögens läßt auch das bereits erwähnte Fragment DK 80 B 4 erkennen: »Über Götter vermag ich nicht zu wissen, daß oder wie sie sind bzw. daß oder wie sie nicht sind. Denn es gibt viel, was das Wissen hindert, die Verborgenheit und die Kürze des Menschenlebens.« Der gut dreißig Jahre vor Protagoras geborene Tragödiendichter Aischylos läßt den Chor im *Agamemnon* Zeus anrufen: »Zeus, wer Zeus auch immer sein möge, / Ist er dieses Namens froh, / Will ich gern ihn nennen so«[108]. Im Unterschied zu Protagoras wagt Aischylos ein Paradox im Hinblick auf den höchsten Gott Zeus: Was wir von ihm kennen, ist eigentlich nur sein Name. Dieser Name jedoch bietet eine Art Gewähr dafür, daß der bezeichnete Gott seine Verborgenheit mit und in seinem Namen lüftet; mit dem Namen Zeus ist der ansonsten unbekannte und verborgene Gott anwesend.

Für Protagoras bleibt ein solches Denken inakzeptabel. Die Götter sind und bleiben verborgen, jedenfalls reicht kein Menschenleben aus, um etwas über sie zu wissen; für ihn gibt es auch keine »téchnē« des Wissens im Hinblick auf die Götter. Aufgrund ihrer Verborgenheit und der durchschnittlichen Kürze unseres Lebens treten sie nicht in unseren Horizont. Wir wissen nicht nur nicht, wie sie aussehen und beschaffen sind, wir wissen nicht einmal, ob sie existieren.

Der in der römischen Kaiserzeit zwischen 150 und 250 n. Chr. lebende griechische Arzt Sextus Empiricus hat uns in seinem *Grundriß der Pyrrhonischen Skepsis* mitgeteilt, weshalb die Skeptiker den Protagoras nicht zu den ihren zählen wollten, und dabei eine Interpretation für M geliefert:

»Auch Protagoras will, daß der Mensch das Maß aller Sachen sei, der seienden, daß sie sind, der nichtseienden, daß sie nicht sind, wobei er ›Maß‹ das Kriterium (kritérion) nennt und ›Sachen‹ (chrémata) die Dinge (prágmata), so daß er dem Sinne nach sagt, der Mensch sei das Kriterium aller Dinge, der seienden, daß sie sind, der nichtseienden, daß sie nicht sind. Damit erkennt er nur an, was jedem erscheint, und führt so die Relativität ein, weshalb er auch Gemeinsamkeit mit den Phyrrhoneern zu haben scheint. Er unterscheidet sich jedoch von ihnen, und wir werden den Unterschied erkennen, wenn wir die Ansichten des Protagoras kurz entwickeln.« [109]

Auf den ersten Blick erscheint Protagoras durchaus als Skeptizist, denn er läßt nur das gelten, was erscheint, d. h. die Phänomene. Erscheinen aber ist ein zweistelliges Prädikat und besagt, daß jemandem etwas erscheint. Die Phänomene bestehen also nur relativ zu jemandem, der sie wahrnimmt, empfindet und auffaßt. Dieser »Jemand« ist der Mensch als freie Variable und ein bestimmter Mensch als gebundene Variable. Das ergibt ansatzweise eine erste philosophische Gesamtinterpretation des Protagoreischen M: M drückt eine skeptizistische Beschränkung auf die Phänomene aus. An die Stelle des Anblicks, den Phänomene auf etwas Verborgenes freigeben, tritt die Beziehung der Phänomene auf den Menschen, dem sie begegnen.

Sextus Empiricus geht aber an der zitierten Stelle noch weiter, indem er eine Deutung für das vielleicht am schwersten verständliche Wort von M liefert: für das Wort Maß (métron). Maß, so Sextus, sei als »Kriterium« zu verstehen.

Diesen Begriff erläutert er selbst folgendermaßen: »Das Kriterium also, von dem hier die Rede ist, hat drei Bedeutungen, eine allgemeine, eine spezielle und eine sehr spezielle. Allgemein bedeutet es jeden Erkenntnismaßstab (métron katalépseos). In dieser Bedeutung werden auch natürliche Kriterien wie das Sehen so genannt. Speziell bedeutet es jeden künstlichen Erkenntnismaßstab wie Richtscheit und Zirkel. Sehr speziell bedeutet es

jeden Maßstab für die Erkenntnis einer verborgenen Sache.«[110]
Als Skeptiker lehnt Sextus die dritte und besonders spezielle
Bedeutung des Kriteriums ab. Die beiden übrigen von ihm aufge-
führten Kriterien sind nach unserem heutigen Verständnis des
Begriffs keine Kriterien, sondern Instrumente, die zur Erzeugung von Erkenntnis dienlich sein können. Sextus hat »Kriterium« offenbar mit »Instrument« oder »Bedingung« der Erkenntnis verwechselt. Deshalb hilft uns seine zitierte Deutung zum
Verständnis von M nicht weiter.

Interessant ist jedoch, was Sextus weiterhin über Protagoras
berichtet und wie er begründet, weshalb der Sophist nicht zu den
Skeptikern gerechnet werden kann:

»Er sagt die Materie sei im Fluß, und während sie fließe, erfolgten laufend
Zufügungen anstelle der Absonderungen, und die Sinne bildeten sich um
und veränderten sich entsprechend den Altersstufen und den sonstigen
Körperzuständen. Ferner behauptet er, die Gründe aller Erscheinungen
lägen in der Materie vor, so daß die Materie an sich selbst alles das sein
könne, was allen erscheine. Die Menschen nähmen jedoch entsprechend
ihren verschiedenen Zuständen zu anderen Zeiten andere Dinge wahr.
Denn wer in naturgemäßem Zustand sei, nehme von dem in der Materie
Vorhandenen nur wahr, was den Menschen in naturgemäßem Zustand,
wer in widernatürlichem Zustand sei, nur, was den Menschen in widernatürlichem Zustand erscheinen könne. Dasselbe gelte dann auch hinsichtlich der Altersstufen, des Schlafens oder Wachens und jeder Art von
Zuständen. Also wird nach ihm der Mensch zum Kriterium des Seienden.
Denn alles, was den Menschen erscheint, ist auch, und was keinem Menschen erscheint, ist auch nicht.

Wir sehen also, daß er sowohl darüber dogmatisiert, daß die Materie
im Fluß sei, als auch darüber, daß die Gründe aller Erscheinungen in ihr
vorlägen: Dinge, die verborgen sind und für uns der Zurückhaltung
unterliegen.«[111]

Wenn es zutrifft, was Sextus hier über Protagoras berichtet, so
hat Protagoras erheblich mehr gelehrt, als uns von ihm in eigenen

Schriften überliefert ist. Denn der Mensch ist nach diesem Zitat zwar das Maß der Erscheinungen, doch diese hängen wiederum mit etwas relativ Verborgenem, mit der Materie (hýle) zusammen. Die Materie ist danach ein bewegliches Substrat aller Erscheinungen, und die Menschen können von ihr jeweils so viel erfassen, wie ihr jeweiliger Zustand zuläßt. Zwischen der Materie und menschlicher Zuständlichkeit − Wachsein oder Müdesein, Nüchternheit oder Trunkenheit zum Beispiel − besteht laut Sextus nach Protagoras die Beziehung, daß Gleiches nur von Gleichem erkannt werden kann.

Wenn Protagoras dies tatsächlich gelehrt hat, so ist nach seiner Auffassung nicht nur der Mensch konstitutiv für die Welt als Inbegriff nur von Erscheinungen, sondern es besteht gleichsam eine zweite Bühne als Grundlage von allem: die Materie. Protagoras hat sich dann tatsächlich nicht, wie die Skeptiker es von sich verlangen, des Urteils über das enthalten (epoché), was verborgen ist, sondern Verborgenes in Gestalt von Materiebewegungen konstitutiv zugrunde gelegt.

Es scheint verführerisch, Protagoras einmal so wahrzunehmen. Die Theorie der Erkenntnis, die hinter seinem Denken stand, wenn der Bericht des Sextus der Wahrheit entspricht, war eine Art Kombination von Atomismus mit gewissen Elementen der Philosophie Heraklits. Eine vergleichbare Kombination wurde nach philosophiegeschichtlichen Erkenntnissen eigentlich erst einige Zeit nach Protagoras durch die Verwendung des Begriffs der Materie (hýle) als Substrat erzeugt.

Um zu ermessen, was M in diesem Fall enthielt, seien einige Züge des Atomismus und Heraklits erläutert. In der Tat bietet zunächst die Philosophie von Demokrit (ca. 460-370 v. Chr.), des jüngeren Zeitgenossen der Sophisten, deutliche Züge derjenigen Lehre, die Sextus Empiricus dem Protagoras unterstellt. Demokrit gilt als Philosoph einer Welt gleichartiger, ausgedehnter Partikel, die sich im leeren Raum bewegen — sogenannter Atome. Nun tut sich jedoch eine erhebliche Kluft auf zwischen der Welt der gleichartigen Partikel und der sich uns alltäglich darbietenden Vielheit verschiedenartiger Erscheinungen. Demokrits Philosophie, die nur in Bruchstücken erhalten ist, zeugt jedoch weniger von Aussagen über die Atome als vielmehr von Aussagen über die menschliche Lebenswelt.

Eine scharfsinnige Paradoxie betrifft das Verhältnis von Sinnen und Verstand. Die Sinne sprechen danach zum Verstand: »Unglücklicher, armer Verstand (phrén), von uns nimmst du die Beglaubigungen, mit denen du uns widerlegst: Deine Widerlegung ist dein Untergang.« (DK 68 B 125) Dies ist zunächst so zu verstehen, daß der Verstand auf Material zurückgreifen muß, das ihm von den Sinnen dargeboten wird: Es läßt sich nur das denken, was zuvor gesehen, gehört, geschmeckt oder gefühlt worden ist. Wenn nun der Verstand verächtlich auf die Sinne herabblickt, die wahrnehmen, aber nicht begrifflich denken können, so untergräbt er damit seine eigenen Grundlagen. Der Interpretationsgehalt der Paradoxie reicht indessen noch erheblich weiter. Er betrifft auch das Verhältnis von Phänomenen und Verborgenem. Denn auch für Demokrit scheint die erwähnte Beziehung zu gelten, wonach die Phänomene einen Anblick des Verborgenen darbieten. Mehr noch, er unterscheidet in einem weiteren Fragment von der Sinnlichkeit auch ein eigenes Denkorgan (órganon tu noésai), das offenbar in der Lage ist, in die verborgene Mikrowelt der Kleinpartikel einzudringen. (DK 68 B 11) Zugleich behauptet er aber einander Widersprechendes: Auf der einen Seite soll der Verstand auf die Sinne angewiesen sein, auf der anderen Seite soll das Denken das Verborgene ohne Hilfe der Sinne erfassen.

Ein Blick auf Demokrit zeigt also, daß selbst dann, wenn man Protagoras' Satz vom Menschen als Maß aller Dinge als Schnittstelle zwischen Verborgenem und Erscheinungen interpretiert, der Bezug zum Verborgenen erhebliche Schwierigkeiten mit sich bringt. Demokrit selber scheint entsprechend auch eher eine Philosophie konzipiert zu haben, die vom Menschen handelt, sofern dieser von der verborgenen Welt der gleichartigen Partikel, die sich im leeren Raum bewegen, keine Kunde besitzt und sich in einer eigenen Lebenswelt unter den Phänomenen einrichten muß. Wenn er schreibt, »der Mensch ist das, was wir alle kennen« (DK 68 B 165), so könnte damit auch gemeint sein, daß er dem Sophisten Protagoras beipflichtet und die Möglichkeit der Bezugnahme auf Verborgenes ausschließen möchte.

Die kritische Bemerkung des Sextus Empiricus über Protagoras' M verweist, wie bereits erwähnt wurde, auch auf Heraklit. Trotz der Dunkelheit anderer seiner Äußerungen besteht kein Zweifel daran, daß er davon ausging, daß individuelle Abweichungen in unserer Wahrnehmung der Welt vorkommen, ohne daß dadurch deren Einheit gefährdet wäre: Dem Schlafenden erscheint die Welt anders als dem Wachenden, dem Satten anders als dem Hungrigen, dem Trunkenen anders als dem Nüchternen, dem Kranken anders als dem Gesunden. (DK 22 B 46 u.ö.) »Die Wachen« — heißt es im Fragment DK 22 B 89 nach B. Snell — »haben eine einzige gemeinsame Welt; im Schlaf wendet sich jeder seiner eigenen zu« [112]. Die gemeinsame Welt gründet sich auf den Logos, der keinen Gegensatz kennt, sondern nur die Lächerlichkeit der Eigen-Vernunft jener, die nicht wirklich nachdenken. Die Einheit der Welt ist nach Maßen geordnet (DK 22 B 30), was Gegensätzlichkeit einschließt (DK 22 B 94).

Wenn M eine ähnliche Philosophie zugrunde liegt, so ist damit dann nur der relativ unwichtige Teil des Weltlaufs markiert, denn dann ist nur der Mensch in seiner Instabilität, in seiner Wechselhaftigkeit, seinen Schwankungen bezeichnet. Bei Heraklit kann der Mensch nicht sinnkritisches Maß der Dinge der Welt sein.

Doch zurück zu der Frage, was das »Maß« bedeuten soll, das Protagoras zufolge der Mensch für alles darstellt. Eine Bemerkung von Hermias (gest. ca. 341 v. Chr.) scheint hier aufschlußreich: »Definition (hóros) und Urteil (krísis) der Dinge ist der Mensch. Und die unter die Sinnlichkeit fallenden Dinge sind wirklich, die aber nicht darunter fallen, gehören nicht zu den Formen des Seins.« (DK 80 A 16) Statt von »Maß« spricht Hermias von »Definition« und »Urteil«. Wenn man diese Begriffe in M einsetzen würde, würde der Satz des Protagoras so zu verstehen sein, daß der Mensch durch Definitionen und Aussagen bestimmt, was von dem sich ihm Darbietenden wirklich existiert und was nicht. Der Bereich der sinnlich gegebenen Erscheinungen ist dabei das Feld des wirklich Existierenden. Was nicht zu den Erscheinungen zählt, kann nicht existieren. Definitionen müssen also mit Existenzaussagen gekoppelt werden. Es kann nicht nur ausgesagt werden, *was* etwas ist, sondern auch, *daß* es ist. Gerade hierin liegt jedoch das Problem der Bestimmung des Hermias. Wie soll eine solche Kopplung möglich sein? Keine Definition berechtigt dazu, eine Existenzaussage zu machen.

Die Bedeutungsmöglichkeiten für »Maß« (métron) fächern sich nach unserer bisherigen Untersuchung in »Kriterium« einer- und in »Definition und Existenzurteil« andererseits auf. Beide bergen Schwierigkeiten: Bedeutet »métron« »Definition und Existenzurteil«, so geht die Möglichkeit verloren, beide in einem gemeinsamen Begriff zusammenzubringen. Bedeutet »métron« dagegen »Kriterium«, so ist nicht bloß anzumerken, daß dieser Begriff zur Zeit der Sophistik noch gar nicht ausgeprägt war bzw. daß Sextus Empiricus »Kriterium« mit »Instrument« oder »Bedingung« der Erkenntnis verwechselte; sondern jede Rede von einem »Kriterium« setzte – als Grund der Geltung von etwas – bereits die Bestimmung von etwas voraus: Wenn der Mensch Kriterium dafür sein soll, daß Wasser naß ist, dann muß zuvor bestimmt worden sein, was Menschsein bedeutet. Wenn zum Beispiel »wahr« als Korrespondenz zwischen Aussagen und Welt verstanden wird, so ist darin noch kein Kriterium enthalten, wonach beurteilt werden kann, wann und weshalb Aussagen der Welt entsprechen.

So erweist sich, daß der Satz des Protagoras entgegen seinem Anschein ungewöhnlich schwer verständlich ist. Von einer Klärung in der Forschung kann keine Rede sein.[113]

Es sind vor allem drei große Fragenkomplexe, die bei der Beschäftigung mit M zur Sprache kommen müssen: erstens die Frage nach den Wortbedeutungen, zweitens das Problem des Wissens und Erkennens und drittens die Frage nach der Ontologie, d. h. den Seinsbestimmungen.

Hinsichtlich der Wortbedeutungen wurde bereits erörtert, welche schwerwiegenden Probleme der Begriff Maß aufwirft.

Im Hinblick auf Wissen und Erkennen lautet die Frage zu M: Vertritt Protagoras eine subjektivistische oder eine relativistische Position? Eine subjektivistische Position der Erkenntnis besagt, daß jedes Sich-Zeigen, daß jede Erscheinung schlechthin wahr ist. Im Unterschied zum Relativismus fehlt ihr jede Differenzierung. Eine solche Position würde sich darüber hinaus, wie Sextus Empiricus in der Spätantike bemerkte, selbst widerlegen: »Wenn nämlich jede Vorstellung (phantasía) wahr ist, dann ist das Urteil, daß nicht alle Vorstellung wahr ist, auf Vorstellung gegründet und selber wahr. Daher ist es falsch, daß alle Vorstellung wahr ist.«[114] Weil die subjektivistische Lesart von M auch den Fall der Negation ihres Gehaltes als wahre Aussage impliziert, widerspricht sie sich selbst.

Anders verhält es sich im Fall einer relativistischen Lesart, in der M folgendes besagt: Etwas (x) zeigt sich jemandem (P) in einer Situation (S), und (x) ist wahr für (P) in (S). Einem erwartungsvollen Mallorca-Touristen (P) bei warmem Wetter (S) zeigt sich warme Luft (x). Für den Touristen ist es zutreffend, daß die Luft warm ist. Dieser Relativismus stellt einen epistemologischen Minimalismus dar: Es werden nur Bedingungen genannt, die mindestens da sein müssen, damit sich überhaupt etwas dem Menschen zeigt. Der Minimalismus der Bedingungen genügte dem Protagoras vielleicht, sagen zu können, daß etwas wahr sei. Der Vorteil der relativistischen Lesart ist ihre Immunität gegenüber der Negation. Wenn für Protagoras ein Luftzug warm ist, braucht er für Platon nicht auch warm zu sein. Und sogar Sätze wie derjenige, daß es nicht zutrifft, daß (x) für (P) in (S) gilt, zerstören die Annahme, daß (x) für (P) in (S) gilt, nicht, solange nicht für ein und denselben Menschen (x) in (S) zutrifft und nicht zutrifft: Solange nicht derselbe Tourist urteilt, daß der Wind warm und in derselben Hinsicht zugleich nicht warm ist, ist die Negation relativ zu bestimmten Personen in bestimmten Situationen. Der Nachteil der relativistischen Position ist jedoch, daß die Negation »es trifft nicht zu, daß (x) für (P) in (S) gilt« nicht mehr einen Teil des Geltungsbereichs der relativistischen Deutung von M bilden kann.

An dieser Stelle muß auf die – in der Literatur zu M heute häufig unterstellte – Anknüpfung des Protagoras an Parmenides eingegangen werden: Wenn Protagoras den Menschen als Maß der seienden bzw. der nicht seienden Dinge bezeichnet, so spricht vieles dafür, daß er damit die berühmte Distinktion des Parmenides aufgreift, wonach alles auf einer Unterscheidung zwischen »ist« und »ist nicht« beruht.[115] Im Fragment B 2 spricht Parmenides zweimal ohne Subjekt von »ist« bzw. »ist nicht«. Wir ergänzen hier jeweils »etwas« als singulären Term, weil Parmenides das Seiende in Fragment B 8 als eine Singularität konzipiert hat, nämlich als Rundes, Ungewordenes und Unveränderliches.[116] Parmenides' zwei Wege lauten also »(etwas Singuläres) ist« oder »(etwas Singuläres) ist nicht«.

Wenn Protagoras von seienden bzw. von nicht seienden Dingen redet, präzisiert er möglicherweise bewußt die unbestimmte Redeweise des Parmenides so, daß er in die von diesem freigelassene Subjektstelle eindeutig singuläre Terme einsetzt, nämlich »Dinge« (chrémata). So betrachtet, enthält der überaus schwierige Satz des Protagoras zugleich eine Klärung jener ebenso grundlegenden wie dunkel formulierten Leitgedanken des Parmenides.

Man kann sogar noch einen Schritt weitergehen und M in Beziehung zu einer Bemerkung des Parmenides setzen, die in ihrer Tragweite bisher viel zu wenig gesehen worden ist: »Denn so wie zu jeder Zeit [einer] hat die Mischung der vielirrenden Körperglieder, so auch wird das Erkennen den Menschen zuteil. Denn dasselbe, was sie denkt, ist sie für die Menschen: die ursprüngliche Beschaffenheit der Glieder, für alle und jeden. Deren Fülle ist nämlich die Erkenntnis.« [117] Eine auch nur annähernd vollständige Auslegung dieses Textes ist hier nicht möglich. Wir beschränken uns daher auf einige Gesichtspunkte, die mit dem Satz des Protagoras zusammenhängen: Parmenides spricht hier von Bedingungen dafür, daß Erkenntnis über etwas zustande kommt. Es sind danach die Beziehungen von Leibzuständen zueinander, die die Erkenntnisbeziehung des Menschen zur Welt konstituieren. Dabei wird vorausgesetzt, daß Erkenntnis eine Relation von Gleichem zu Gleichem ist. Parmenides will angeben, wann und wie etwas auf der Seite des Menschen zustande kommt, das ihn in die Lage versetzt, Gleiches in der Welt zu erfassen. Seine Antwort lautet: Gleiches entsteht durch Mischung (krásis) der Glieder des Leibes. [118]

Was hat das Parmenides-Fragment B 16 nun mit M zu tun? Erwogen sei folgendes: Das vom Organismus produzierte Gleiche – zum Beispiel Wahrnehmungsbilder – ist etwas spezifisch dem Menschen Zukommendes und gilt »für alle und jeden« Menschen. Der menschliche Organismus ist Produzent von etwas, das fähig ist, in Korrespondenz mit der Welt einzutreten. Wahrnehmungsbilder etwa werden von uns produziert und entsprechen den wahrgenommenen Dingen. Der Mensch ist »Maß« dafür, daß gilt: »(Etwas Singuläres) existiert« oder »(etwas Singuläres) existiert nicht«. »Maß« erhält dabei die Bedeutung: »ein vom menschlichen Organismus produziertes Gleiches«.

Damit haben wir neben »Kriterium« und »Definition/Existenzaussage« eine dritte Bedeutung für »Maß« gefunden. Angenommen, Protagoras hätte mit M an Parmenides anknüpfen wollen – dann wäre M dennoch mit zwei Hypotheken belastet. Die erste betrifft die bereits erwähnte negative Stellung des Menschen im Hinblick auf Erkenntnis bei Parmenides. Was bei Parmenides negativ gemeint war, scheint von Protagoras positiv gewendet worden zu sein: Für ihn besteht grundsätzlich die Möglichkeit zur Erkenntnis der Welt der Phänomene. Wenn es sich aber so verhält, so darf behauptet werden: Der Homo-mensura-Satz des Protagoras steht in der Geschichte der Philosophie nicht infolge seines – von Parmenides präfigurierten – Inhalts, sondern infolge seiner *Umkehrung einer Wertung* einzigartig dar. Seine Provokation liegt in der Umwertung des Urteils, wonach der Mensch die Wirklichkeit nicht darstellt, wie sie ist, sondern sie verformt und verstellt. Für Protagoras gilt dagegen: Was sich jeweils zeigt, existiert so, wie es erscheint. Der Mensch verstellt die Welt nicht, sondern er schließt sie erkennend auf.

Konnte Protagoras diese erste Hypothek des Parmenides durch Umbewertung abtragen oder erträglich werden lassen, so besteht doch noch eine zweite: Laut Parmenides gilt für *alle* Menschen, daß sie Gleiches produzieren. Soll das besagen, daß alle Menschen nicht nur jeweils Gleiches erzeugen, sondern daß alle Erzeugungen der Menschen im Hinblick auf Erkenntnis auch untereinander gleich sind? In der Sophistik ist diese Frage mit Sicherheit diskutiert worden; davon zeugt jene bereits angeführte Erklärung des Sophisten Euthydemos, M sei so zu verstehen, daß allen Menschen auf gleiche Weise und stets alles zukommt, was sie betrifft. [119] Einer solchen Auslegung von M würde jene — etwa bei Antiphon belegbare — Tendenz der Sophisten entgegenkommen, alle Menschen als gleich anzusehen. Es existiert jedoch kein Zeugnis darüber, daß Protagoras selbst M im Sinn einer Gleichheit aller Menschen untereinander verstehen wollte.

Der dritte und letzte im Zusammenhang mit M stets relevante Problemkreis ist die Frage nach der Ontologie des Protagoras. Sie ist entweder phänomenalistisch oder realistisch. Phänomenalistisch nennt man Ontologien, die Eigenschaften nur als Wahrgenommenes verstehen und unterstellen, daß Dinge, die von der Wahrnehmung unabhängig sind, über keinerlei distinkte Merkmale verfügen. Eine phänomenalistische Interpretation liegt dann vor, wenn etwas Singuläres (x) jemandem (P) in einer Situation (S) erscheint.

Wie erwähnt, wurde M jedoch auch schon in der Antike verschiedentlich realistisch interpretiert, etwa bei Platon oder Sextus Empiricus. In moderner Sprache besagen diese realistischen Deutungen: Es existieren physikalische Objekte, aber es sind keine wahrnehmbaren Eigenschaften vorhanden (Platon), oder aber physikalische Gegenstände verfügen selber über gegensätzliche Eigenschaften, und die Menschen nehmen die Gegenstände nach Maßgabe ihrer individuellen Disposition wahr (Sextus Empiricus). [120]

6. Die Sophistik als vergessene Art der Kunst

Bisher haben wir Positionen der Sophistik im Hinblick auf Fragen der Ethik und der Erkenntnis in einer Zwischenzeit zwischen den älteren Vorsokratikern und den späteren Metaphysikern dargestellt. Dieser Zwischenbereich erwies sich als Ort eigenständiger und dogmatisch ungebundener Überlegungen. An allen fraglichen Stellen konnte durch Texte dokumentiert werden, wie sich Normenbegründungen oder Urteile über die Wahrheit bei den Sophisten in spezifischer Weise darstellen. Unzähliges ist bis heute geschrieben worden über eine weitere Fragestellung im Zusammenhang mit der Sophistik: über das Thema der sophistischen Rhetorik, obwohl die Rhetorik selbst erst in nachsophistischer Zeit Gegenstand einer systematischen Erforschung wurde.

Für das Thema »Sophistik und Rhetorik« ergeben sich die folgenden Fragen: Läßt sich hier ebenfalls eine Periode identifizieren, die zwischen einem früheren und einem späteren Zustand liegt? Und falls dies der Fall ist, zeigt sich dann abermals ein eigenständiges Profil der sophistischen Denker? Die erste Frage ist zu bejahen. Die zweite dagegen führt in einen (legitimen) Bereich der Mutmaßungen und Hypothesen.

Zunächst zu der Abgrenzung der Periode der Sophistik im Hinblick auf die Rhetorik. Die Rhetorik wurde von dem sizilischen Griechen Korax und seinem Schüler Teisias nach 466 v. Chr. erfunden, d. h. zur Zeit des Sturzes der Tyrannis in Syrakus und ihrer Ersetzung durch eine Demokratie. Die Redekunst und ihr öffentlicher Bedarf scheinen zunächst auf die Gerichtsrede beschränkt gewesen zu sein. Die Sophisten haben die Redekunst weiter ausgebaut [121] und auf diese Weise Anteil an einem länger währenden Prozeß ihrer Formalisierung. Dieser Prozeß verlief offenbar von bloßen Lehrbuch-Darstellungen mit Ratschlägen technisch-praktischer Art hin zu einem Rhetorikverständnis, das philosophische Reflexionen über die Redekunst mit größerer Systematisierung verband. Die philosophisch souveränste Durchdringung der Rhetorik lieferte dabei übrigens Aristoteles in seiner *Rhetorik*; er verstand die Redekunst als Fähigkeit, das jeweils Überzeugende zu erkennen. [122]

Wenn es aber zutrifft, daß der Beitrag der Sophistik lediglich in größerer funktionaler Differenzierung der Redekunst liegt, dann stellt ihr Denken kaum eine eigenständige Periode in der Geschichte der Rhetorik dar. Die Sophisten haben dann vielmehr nur Anteil an einer Entwicklung, die sich als zunehmende funktionale Differenzierung der Redekunst einschließlich der Reflexion auf sie beschreiben läßt.

Dann aber scheint auch die zweite Frage bereits beantwortet. Ein eigenes Profil der Sophisten im Hinblick auf Rhetorik könnte nur noch in speziellen und individuellen Akzentuierungen der Gesamtentwicklung der Redekunst gesucht werden. Und es zeigt sich dann auch tatsächlich, daß die Erforschung eines eigenen Profils der sophistischen Rhetorik zu einem großen Teil nicht mehr als individuellen Konstellationen gilt, die für die Gesamtentwicklung dieser Lehre ohne rechte Bedeutung sind.

Darf man also folgern, daß die sophistische Beschäftigung mit der Redekunst im Grunde ohne philosophisches Interesse ist? Die beschriebene Bilanz legt das nahe, doch es läßt sich mit einigem Recht auch eine Gegenbilanz ziehen. Denn in der Betrachtung einer fortschreitenden funktionalen Differenzierung der Redekunst fehlt noch eine Bezeichnung der spezifischen Rolle der Philosophie in diesem Zusammenhang.

Einigkeit besteht in der Forschung darüber, daß sich in nach-sophistischer Zeit Philosophie und Rhetorik voneinander entfernt haben und daß sie zuvor — eben bei den Sophisten — eine Verbindung eingegangen waren. Diese Trennung begann mit Platons Angriffen gegen die Rhetorik, die von den Rhetorikern mit einer Funktionalisierung der Philosophie als Hilfswissenschaft für die Redekunst beantwortet wurden.

Wie könnte man sich die Einheit von Philosophie und Redekunst bei den Sophisten vorstellen? Das ist die eigentliche Frage, auf die man, wie oben vorläufig bemerkt, nur mit Urteilsenthaltung oder mit zu rechtfertigenden Hypothesen antworten kann.

Die hier zur Diskussion gestellte Hypothese besteht in der Annahme, daß die sophistische Verbindung von Philosophie und Rhetorik eine frühe und vergessene Form von *Kunst* gewesen ist. Diese Hypothese impliziert letztlich mehr, als hier demonstriert werden kann, und ich nehme in Kauf, daß vieles thesenhaft bleiben muß.

Längst bekannt ist, daß die Sophistik die schon bei Heraklit, Herodot und anderen vorhandene Gattung der Prosa zur »Kunst« werden ließ: »[...] wenn bisher in erster Linie die Dichter das Wort mit künstlerischem Instinkt geformt und gehandhabt hatten, so schafft sie [d. h. die Sophistik] sich nunmehr in der Prosarede ein zu höchster bewußter Kunst ausgestaltetes Mittel zur Lenkung und Beherrschung der Seelen (*psychagogía*) von bisher ungeahnter Wirksamkeit.« [123] E. Norden schreibt in seinem Standardwerk über die antike Kunstprosa, daß diese von den Sophisten Thrasymachos und Gorgias konzipiert worden war. Insgesamt, so Norden weiter, mußte die Prosa nach der Norm der Sophisten dreierlei umfassen und auf einer besonderen ästhetischen Voraussetzung beruhen: »Die drei wesentlichen Postulate, die von den Sophisten an eine gute Prosa gestellt wurden, daß sie nämlich durch Redefiguren geschmückt, daß sie der Poesie nahestehen, daß sie rhythmisch sein solle, gehen von der Grundvorstellung aus, daß eine oratorische Komposition einer musikalischen verwandt sein, also wie diese auf die Sinne wirken müsse.«[124]

Weiterhin ist bekannt, daß die Sophisten ihre Äußerungen nicht nur selbst als Kunstprosa inszenierten, sondern daß sie auch ein anderes Verhältnis zur Dichtkunst schufen, als es noch Heraklit hatte: Die Dichter Homer und Archilochos solle man, so sagte jener, mit Stockschlägen aus den Wettkämpfen fortprügeln. (DK 22 B 29) Im Unterschied dazu begannen die Sophisten damit, Dichtung zu be- statt zu verurteilen.[125]

Es gilt also zumindest in einem minimalen Sinn, daß die Sophistik ihre Redeleistung als Kunst verstand und zugleich in ein positives Verhältnis zur Dichtkunst trat. Unsere Hypothese über den Charakter der später geopferten Einheit zwischen Philosophie und Rhetorik reicht jedoch weiter als diese minimalistische Deutung: Wenn wir annehmen, daß die Sophisten in gewisser Weise die Dichtung nachahmten und mit Hilfe der Prosa leisten wollten, was den Dichtern mit dem Metrum gelang, dann dürfen wir annehmen, daß hier zum ersten Mal Kunst zu einem Thema für die Philosophie wurde. Wollten die Avantgardebewegungen des 20. Jahrhunderts die Lebenswirklichkeit von einer sich als autonome Instanz begreifenden Kunst aus verändern, so könnte es sein, daß die Sophisten dazu neigten, »Kunst« als etwas zu verstehen, was eine Unterscheidung zwischen autonomer Instanz der Gestaltung und Lebenswirklichkeit gar nicht zuläßt.[126]

Ich beschränke mich für die Überprüfung dieser These auf zwei Positionen, die sich in den *Dissoi Logoi* und bei Gorgias finden.

In den *Dissoi Logoi* 3,10 heißt es: »Ich wende mich nun zur Kunst und Dichtung: unter den Tragödiendichtern und Malern ist der der vorzüglichste, der es am besten versteht, eine Täuschung hervorzubringen, die der Wirklichkeit ähnlich ist.« Diese Bemerkung muß unter anderem als ein Echo auf jene Revolution in der bildenden Kunst im Wechsel vom 6. zum 5. Jahrhundert v. Chr. gelesen werden, auf die Platon in seiner *Politeia* dadurch reagierte, daß er die bildende Kunst als bloßes Abbild wahren Seins deutete, das seinen Seinsmangel durch Sinnestäuschungen kaschiert.[127] Ernst H. Gombrich schreibt zu dieser Revolution:

»Die Heftigkeit, mit der Plato gegen die Täuschungen der bildenden Künste loszog, gemahnt uns an den wichtigen historischen Zusammenhang, den man nicht aus den Augen verlieren sollte: daß nämlich zu der Zeit, als er schrieb, die Kunst der Nachahmung, die Mimesis, eine ganz neue Erfindung war. [...] Man zeigt uns, wie die steifen und leblosen archaischen Figuren, die Apollos oder Kuroi, wie man sie nennt, erst einen Fuß vorstellen, dann auch die Arme beugen; wie ihr starres, maskenhaftes Lächeln einem weicheren Platz macht und wie schließlich zur Zeit der Perserkriege diese strenge Symmetrie der Haltung aufgegeben wird, indem der Körper eine leichte Drehung erhält, so daß das Leben in dem Marmor zu strömen scheint.«[128]

Der Verfasser der *Dissoi Logoi* weicht von Platons Reaktion auf die Veränderungen im Bereich der Kunst in zweierlei Hinsicht ab: Erstens stellt für ihn der von den Griechen erreichte täuschende Charakter der bildenden Kunst und der Poesie offenbar keinen Einwand gegen den ontologischen Status oder den ethischen Wert der Kunst dar, denn über den ontologischen Status äußert er sich gar nicht, und hinsichtlich des ethischen Wertes liegt ihm, wie oben ausführlich erläutert wurde, ohnehin an dem Nachweis, daß Unrechtes gleich Rechtes sei. Zweitens geht er nicht auf einen möglichen Status der Kunst ein. Er fragt nicht, ob die Kunst mit Hilfe eigener, spezifischer Kategorien angesprochen werden müsse, d. h., er fragt nicht, ob sie Schöpfung oder ob sie Ausdruck oder Imitation sei.

Der Sophist der *Dissoi Logoi* versteht die Ähnlichkeit zwischen Kunst und Wirklichkeit als Ziel oder Mittel der Täuschung. Durch sie wird ein Gemälde oder eine Tragödie überhaupt erst Kunst. Täuschung aber bezeichnet einen Zustand der Betrachter oder Zuschauer. Kunst ist, so verstanden, über den *Erfolg* beim Betrachter definiert. Der Sophist kann entsprechend die von ihm vorgefundene soziale Wertung bestätigen, wonach derjenige Maler oder Tragödienschreiber der beste (áristos) *ist* – und nicht etwa nur als Bester gilt –, der den *Täuschungserfolg* hat. Er verbindet mit der faktischen sozialen Bewertung eine grundsätzliche Bejahung, wonach gilt, daß der jeweils erzielte Erfolg zugleich den möglichen Sinn des Kunstwerks ausschöpft.

Die kurze, in der bisherigen Literatur kaum beachtete Bemerkung in den *Dissoi Logoi* enthält offenbar einen eigenen kunstbezogenen Ansatz, der sowohl von der bisherigen Philosophie als auch von den kunsttheoretischen Ansätzen Platons und Aristoteles' abweicht. Enthielt die bisherige Philosophie – das Malergleichnis des Empedokles[129] ausgenommen – keine bzw. nur polemische Spuren im Verhältnis zur Kunst, so wird nunmehr Kunst als Täuschungserfolg verstanden, ohne daß zugleich ein eigener Status von Kunstwirklichkeit dargelegt wird, wie es bei Platon und Aristoteles geschieht.

Gorgias fügte der – wenn wir sie als sophistisches Gemeingut unterstellen – sophistischen Ästhetik einen weiteren Gedanken hinzu. Bewußt spart er alle Angaben über die Struktur von Kunstwerken aus. Dadurch wird eine Eigenbestimmung der sophistischen Einheit von Redekunst und Weisheit möglich, die sich als Kunstwirklichkeit jeweils im Redeerfolg vollbringt.

In einem als Fragment erhaltenen Text Plutarchs (ca. 46-ca. 125 n. Chr.) überliefert dieser Gorgias' Anschauung wie folgt: »In voller Blüte jedoch stand die Tragödie [in Athen] und war in aller Munde; sie geriet zum wunderbaren Hör- und Schauspiel

118

für die Menschen damals und bot durch ihre Mythen und Leidenschaften eine Täuschung (apáte), bei der, wie Gorgias sagt, der täuscht, mehr Recht hat (dikaióteros) als der, der nicht täuscht, und der Getäuschte andererseits mehr versteht (sophóteros) als der, der nicht getäuscht wird. Wer täuscht, hat nämlich mehr Recht, weil er ausgeführt hat, was er versprach; der Getäuschte aber versteht mehr: denn schon läßt er sich hinreißen von der Lust der Worte (hyph' hedonés lógon), was nicht empfindungslos ist.« (DK 82 B 23) Diese Bemerkung wird von Gorgias selbst erläutert: Der Dichter als Täuschender ist in seinem Tun moralisch besser gerechtfertigt als der Nicht-Künstler, weil er sein »Versprechen« in jedem Fall halten kann. Die Täuschung bringt lustvolle Illusion mit sich. Gorgias spricht von einer »hedoné lógon«, einer Wortlust.

Was er hier über die Tragödie bemerkt, gilt ebenso für das, was er bzw. die übrigen Sophisten als Verknüpfung von Weisheit und Redekunst praktizierten. Die Verallgemeinerung dazu findet sich in kritischer Form in der besprochenen Argumentation über das Nichtseiende und positiv formuliert in einigen Passagen von Gorgias' *Lob der Helena,* wo es heißt:

»Rede (lógos) ist ein großer Bewirker; mit dem kleinsten und unscheinbarsten Körper vollbringt sie göttlichste Taten: vermag sie doch Schrekken zu stillen, Schmerz zu beheben, Freude einzugeben und Rührung zu mehren. [...] Rede (lógos) nämlich, die Seele-bekehrende, zwingt stets die, die sie bekehrt, den Worten zu glauben und den Taten zuzustimmen. [...] Daß aber die Bekehrung (peítho), gesellt sie sich zur Rede, allemal auch die Seele prägt, wie sie will, muß man sich klar machen: und zwar erstens anhand der Reden von Himmelskundigen, die stets – Ansicht für Ansicht, die eine wegnehmend, die andere einbildend – das Unglaubliche und Unsichtbare den Augen der Ansicht (tois tes dóxes ómmasin) erscheinen zu lassen; zweitens an den Zwang ausübenden Wettkämpfen mit Reden, in denen eine einzige Rede auf viel Publikum genußreich und bekehrend wirkt, welche nach Regeln der Kunst (téchnē grapheís) verfaßt, nicht etwa im Blick auf Wahrheit (alétheia) gesprochen ist; drittens aber an von Philosophen bestrittenen Redegefechten, in denen sich auch die Wendigkeit eines Kalküls beweist, in welche Veränderlichkeit sie den Glauben der Ansicht versetzt. Im selben Verhältnis steht die Wirkkraft (dýnamis) der Rede zur Ordnung der Seele wie das Arrangement von Drogen zur körperlichen Konstitution: Denn wie andere Drogen andere Säfte aus dem Körper austreiben, und die einen Krankheit, die anderen aber das Leben beenden, so auch erregen unter den Reden die einen Leid, die anderen Genuß, und dritte Furcht, und wieder andere versetzen die Hörer in zuversichtliche Stimmung, und noch andere berauschen und bezaubern die Seele mit einer üblen Bekehrung.« [130]

Diese Bemerkungen, die weitläufigerer Kommentierungen bedürften, als im Zusammenhang unseres Themas sinnvoll ist [131], überraschen vor allem dadurch, daß der Redeerfolg nicht nur als sicher, sondern als zwangsläufig hingestellt und am Ende sogar mit der Einnahme von Drogen oder Medikamenten (phármaka) analog gesetzt wird.

Obwohl in der hier zitierten Passage kein Zweifel am Erfolg der Rede gelassen wird, gibt es doch auch skeptische Äußerungen seitens der Sophisten. Als eine solche kann zum Beispiel gewertet werden, daß Gorgias den Versprechenscharakter der Kunst betont.

Wir brauchen jedoch nicht mühsam nach Indizien für ein Bewußtsein der Unsicherheit des Redeerfolgs zu suchen, denn wir besitzen dafür ein umfassendes Dokument: Gorgias' bereits erörterte These, daß auch, wenn etwas erkannt würde, es nicht mitteilbar wäre, kann und muß vermutlich auch als Ausdruck fundamentaler Skepsis am Redeerfolg interpretiert werden. Je apodiktischer Gorgias im *Lob der Helena* das Redeereignis als zwangsläufigen Erfolg darstellt, desto unmöglicher erscheint jeglicher Redeerfolg, wenn die These, daß selbst, wenn etwas erkennbar wäre, man nichts darüber mitteilen könnte, und ihre Beweise zur Geltung kommen.

Wir können nun unsere Hypothese von einem genuin sophistischen Kunstverständnis genauer fassen: 1. Sophistisches Kunstverständnis verwirft Kunst nicht mehr wie noch Heraklit, konzipiert aber auch noch keine kategoriale Spezifizierung von Kunst. Statt dessen wird die Kunst als *Täuschungserfolg* wahrgenommen und bei Gorgias als Selbstdarstellung der sophistischen Einheit von Weisheit und Redekunst genutzt.

2. Das Fehlen von Kategorien zur Bestimmung der Struktur von Kunstwerken führt jedoch zu internen Schwierigkeiten für das am Redeerfolg orientierte Selbstverständnis der Sophistik. Es entsteht letztlich eine *Paradoxie des Rede- oder Täuschungserfolges*. So gilt einerseits: Wenn der Sophist selber keine Kunstregeln besitzt, dann ist auch kein Erfolgsziel formulierbar. Wenn jedoch andererseits der Erfolg eintritt (d.h., wenn das Publikum die Täuschungen akzeptiert), dann ist es eigentlich gleichgültig, durch welche zuvor fixierten Bedingungen er zustande kommt. Mehr noch, wenn Mitteilung überhaupt prekär ist, ist Redeerfolg unerklärlich. Die sophistische Kunstwirklichkeit ist daher gerade, wenn sie ständig von Regeln begleitet wird, *gestaltlos*.

3. Es fragt sich daher, ob für das Verständnis der Verbindung von Rede und Erfolg der Sophistik nicht ein schon von Thales und der Sekte des Pythagoras verwendeter Begriff benutzt werden darf, der Begriff des »kairós«. »Kairós« bezeichnet den günstigen Augenblick. Der auf den Redeerfolg bedachte Sophist sieht diesen möglicherweise dann erreicht, wenn sich im Laufe des Vortrags der Eindruck des Hörers positiv verstärkt, d.h., wenn sich der Hörer am Vortrag freut. Der Sophist, der entsprechend als Künstler des »kairós« bezeichnet werden kann, weiß, daß es die Möglichkeit eines entsprechenden Erlebens gibt, aber er weiß auch, daß es keine unfehlbare Technik der Rede gibt.[132]

4. Das Paradox des Erfolgs ließe sich probeweise auch als Paradox der Macht formulieren, die ihrerseits, wie Max Weber

bemerkte, »soziologisch amorph« ist, da sich keine Regeln nennen lassen, nach denen es gelingt, den eigenen Willen auch gegen Widerstand durchzusetzen. [133] Aber ist es wahrscheinlich, daß Gorgias den Täuschungserfolg der sophistischen Kunstwirklichkeit als Machtbeziehung deuten wollte? Oder handelt es sich bei dem zitierten Text eher um eine Zuspitzung, die von Platon vorgenommen worden war und von der Zielsetzung bestimmt war, Demokratie − in Gestalt der für ihr demokratisches Denken bekannten Sophisten − als Latenz demagogischer Machtoptionen zu denunzieren? Im Dialog − d. h. in jener Form der Rede, die die Sophisten nicht kannten oder nicht akzeptierten − mit Sokrates kommt es später bei Platon zu folgender Äußerung Gorgias':

»*Sokrates*: Wohlan denn Gorgias, [...] beantworte uns, was doch das ist, wovon du behauptest, es sei das größte Gut für die Menschen und du der Meister davon. *Gorgias*: Was auch in der Tat das größte Gut ist, Sokrates, und kraft dessen die Menschen sowohl selbst frei sind als auch über andere herrschen (ton állon árchein), jeder in seiner Stadt. *Sokrates*: Was meinst du nun also hiermit? *Gorgias*: Wenn man durch Worte (lógois) zu überreden (peíthein) imstande ist, sowohl an der Gerichtsstätte die Richter, als in der Ratsversammlung die Ratmänner und in der Gemeinde die Gemeindemänner, und so in jeder anderen Versammlung, die eine Staatsversammlung ist. Denn hast du dies in deiner Gewalt (dynámei), so wird der Arzt dein Knecht sein, der Turnmeister dein Knecht sein, und von diesem Erwerbsmann wird sich zeigen, daß er andern erwirbt und nicht sich selbst, sondern dir, der du verstehst zu sprechen (légein) und die Menschen zu überreden (peíthein).« [134]

Es ist nicht zu verkennen, daß an dieser Stelle wesentliche Züge der Gorgianischen Erfolgskunst versammelt werden. Überreden durch Logos erweist sich darin als etwas, das verschiedene Lebensbereiche umfaßt. Für Platons Gorgias erscheint dieses Überreden offenbar unzertrennlich verknüpft mit Macht. Dabei geht es nicht um eine Verführung zur Macht, sondern die Rede im allgemeinen erscheint strukturell mit Machtbezügen verbunden, sie ist Mittel von Machtansprüchen. Je mehr sich die Erfolgskunst der Rede auf heterogene Lebensbereiche erstreckt, desto mehr Macht wird vom Redner ausgeübt. Der zitierte Text spricht vom »Herrschen«, von »Knechten« und davon, jemanden in seiner »Gewalt« zu haben. Worauf sich »Macht« dabei gründen kann, bleibt offen.

5. So drängt sich die Frage auf, ob das Überspringen einer kategorialen Eigenbestimmung der Kunst der Sophisten ein Fehler war. Denn immerhin ist es Aristoteles mit seiner Konzeption der Mimesis gelungen, die Ästhetik für 2000 Jahre von der sophistischen Paradoxie der Rede von Erfolg und Mißerfolg zu entlasten. Kunst und besonders Dichtkunst wird von ihm als Repräsentation [135] gefaßt, als Nachahmung menschlicher Handlungen. An zwei Stellen weist die Aristotelische Theorie der Dichtung als Repräsentation jedoch auf die sophistische Erfolgskunst zurück: Erstens bleibt eine repräsentationistisch verstandene Kunst an die Voraussetzung gebunden, daß es das, was sie zeigt, auch außerhalb von ihr als Seinsbestand gibt. Die (Gorgianische) Sophistik hatte eben das bestritten und die Kunst als Umgang mit dem Nichtsein, d. h. als Täuschung verstanden. In dieser Hinsicht mußte also die Mimesis-Ästhetik die Sophistik verdrängen. Zweitens aber bewahrt die Mimesis-Ästhetik des Aristoteles an einer entscheidenden Stelle einen Impuls der Sophistik. Die Tragödie vollendet sich für Aristoteles erst dadurch, daß sie beim Zuschauer eine bestimmte Wirkung, eine Reinigung (kátharsis) von den Affekten leidenschaftlicher Teilnahme am tragischen Geschehen (Furcht- und [Mit-]Leidempfindungen) erzielt. Der *Erfolg* der Tragödie geht in ihre Definition ein. Bis heute ist nichts weniger aufgeklärt als die Frage, wie diese Wirkungsbestimmung zu verstehen ist. So könnte es sein, daß in gewisser

Weise die Aristotelische Mimesis-Ästhetik von der Paradoxie des sophistischen Täuschungserfolgs eingeholt wird.

6. Die repräsentationistische Mimesis-Ästhetik wurde in jener Zeit aufgegeben, mit der die Sophistik, wie oben beschrieben, durchgängig verglichen wird, nämlich in der Periode der Aufklärung des 18. Jahrhunderts. Nun kehrt nicht die Sophistik, sondern in der Erinnerung an sie höchstens die Frage wieder, ob eine erfolgsparadoxe Ästhetik für unsere Zeit angemessen wäre.

7. Weiterwirken

Die Wirkungsgeschichte Platons, Aristoteles', der Skeptiker, der Stoiker, Heraklits und eigentlich aller übrigen philosophischen Strömungen der Antike unterscheidet sich von derjenigen der Sophisten durch drei Züge. Erstens gibt es keine Strömung, die vergleichbar ausführlich und in immer neuen Ansätzen bis in letzte Konsequenzen hinein von einem nachfolgenden Philosophen so kritisch verfolgt worden wäre wie die Sophisten durch Platon. Zweitens gibt es keine weitere Gruppierung, die nach ihrer ersten unvergleichlich ausführlichen und kritischen Rezeption in fast allen späteren Erwähnungen nur knapp und selektiv zur Sprache kommt, wie dies bei den Sophisten der Fall ist. Ein drittes Merkmal besteht darin, daß kaum eine andere Tradition ungenannt eine so nachhaltige Wirkung auf die ihr nachfolgenden Denker ausübte wie die Sophistik in bezug auf Platon und Aristoteles.

Antike

Wie sich zeigen wird, ist sophistisches Gedankengut weitaus häufiger bei späteren Denkern zu finden, als gewöhnlich unterstellt wird. Dies gilt in besonderem Maß bereits für Platon selbst.

Es läßt sich beobachten, daß Platon die Beurteilung, daß niemand freiwillig Schlechtes tut, von Gorgias übernimmt und ethisch umdeutet. Im Hinblick auf einen sophistischen Ursprung der Formel, die Platons Werk als eine Art Axiom durchzieht, sei auf eine Studie von Guido Calogero verwiesen.[136] Ebenfalls auf sophistisches Gedankengut geht eine Bemerkung in Platons Spätwerk zurück, wonach Gott das Maß aller Dinge sei. Die Stelle lautet in der präzisen Übersetzung Schleiermachers: »Der Gott aber möchte uns wohl am meisten als das Maß aller Dinge sein, und das weit mehr als, wie sie sagen, irgendein Mensch« (»ho de theós hemín pánton chremáton métron an eíe málista, kai polý mállon e pu tis, hos phásin, ánthropos«).[137] Der Satz des Protagoras vom Menschen als Maß aller Dinge wird auf diese Weise theologisch enteignet. Im Kontext Platons ist zu vermuten, daß – wie es oben für Parmenides gezeigt wurde und für Francis Bacon oder Thomas Hobbes noch zu zeigen ist – diese Enteignung im Namen eines göttlichen Seins geschieht, das vom Menschen bloß »verstellt« wird. Es handelt sich, wenn dem so ist, um ein Sein, von dem gilt, daß es vollständig erkennbar ist und daß es existiert: »Das, was vollständig existiert, ist vollständig erkennbar« (»to pantélos on pantelós gnostón«).[138] Der Mensch für sich genommen steht im Verdacht, dieses Sein so zu verstellen, wie Alexander der Große dem in seinem Faß meditierenden Diogenes von Sinope die Sonne verstellte. Erst wenn der Mensch sich von der Fixierung auf sich selbst, in der er laut Platon nach der Protagoreischen Philosophie befangen war, löst, vermag er die Chance zu nutzen, sich in eine äquivalente Beziehung zu dem ganz und gar Seienden zu setzen, dem er ursprünglich auch zugeeignet ist.

Überraschendes findet sich erst wesentlich später in den umfangreichen *Nomoi* Platons. Kleinias bemerkt dort, an den Athener gewandt: »Es ist aber nicht wenig daran gelegen, daß unsere Behauptung, es seien Götter (hos theoí t'eisín) und zwar gütige, die das Recht weit mehr als die Menschen schätzen, irgendwie eine gewisse Wahrscheinlichkeit (pithanóteta) gewinne; denn das wäre wohl für uns die schönste und beste Einleitung für die gesamten Gesetze. Laß uns also [...] mit aller Überredungskraft (dýnamin eis peítho), die wir in solchen Dingen besitzen, das in möglichst ausreichender Weise, ohne etwas von ihr zurückzuhalten, erörtern.«[139] Platon läßt keinen Zweifel daran, daß die Existenz der Götter hier nicht in einem metaphysischen Sinn von notwendig existierendem, selbstbezüglichem Seienden zu verstehen ist. Daß Götter existieren, ist nur wahrscheinlich. Daß es aber wahrscheinlich ist, dazu bedarf es der Überredungskraft. Spricht hier nicht ein Sophist? Kehrt an dieser Stelle nicht ein Denken wie das von Gorgias wieder? Platon, der mit allen Mitteln und aller erdenkbaren Ausführlichkeit die Sophisten wegen ihrer Orientierung am bloß Wahrscheinlichen und ihrer Vernachlässigung der Wahrheit widerlegt zu haben glaubte, übernimmt in seiner letzten Schrift selbst eine sophistische Position. Mehr noch, er ergänzt die vorhandene Lehre der Sophistik, deren berühmte Repräsentanten zu seiner Zeit längst verstorben waren, um eine neue, theologische Komponente und knüpft auf diese Weise faktisch an das an, was Kritias einst vorgebracht hatte: War bei Kritias die Götterfurcht zur Steigerung der Kontrolleffizienz der Staatsmacht erfunden worden, so will Platon zur Existenzannahme von Göttern überreden, um eine optimale Absicherung der Gesetze zu schaffen.[140]

Aristoteles hat eigens eine Schrift über die sophistischen Fehlschlüsse geschrieben, aber das hinderte ihn nicht, die Sophisten zumindest an drei Stellen zu bestätigen. Erstens bewahrte er, wie bereits erläutert, die sophistische Erfolgskunst, indem er die Wirkung der Tragödie (die Katharsis) zur Definition derselben rechnete. Die zweite Bestätigung liegt in der erwähnten, von ihm zugrunde gelegten Universalität der Rhetorik. Platon war diese ebenfalls nicht entgangen, doch er sah sie strukturell mit einem Machtanspruch verknüpft, d.h. einer Herrschaft über alle jeweils zuhörenden Menschen, unabhängig von ihrer Expertenqualifikation. Aristoteles klammert dies aus und lehrt uns einen philosophisch eher einlösbaren Zusammenhang, nämlich jene bezeichnete Form impliziter Argumente, Prämissen und Konklusionen (Enthymeme): Die Universalität der Rhetorik und entsprechend auch des Redeerfolgs gründet sich im ganzen auf die Enthymeme.

Ein dritter Aspekt der Übernahme sophistischen Gedankenguts findet sich in der Ethik des Aristoteles, im Zusammenhang mit einer Definition der Gerechtigkeit: Es »scheint denn auch die Gerechtigkeit – als einzige unter den Trefflichkeiten des Charakters – ›des anderen Gut‹ (allótrion agathón) zu sein, weil sie auf den anderen bezogen ist. Sie verwirklicht ja das, was dem anderen nützlich ist, mag es ein Machthaber (árchonti) oder einer von unseren Partnern (koinonó) sein.« [141] Wie ein Kommentator anmerkt, greift Aristoteles hier auf eine sophistische Vorstellung der Gerechtigkeit zurück – Thrasymachos hatte die Gerechtigkeit als »allótrion agathón« eingeführt.

Interessant ist, wie Aristoteles mit der Thrasymachos-Kennzeichnung umgeht. Thrasymachos meinte, daß die Gerechten der Teil des Staatsvolks sind, der von der Ausübung der Gerechtigkeit nur Nachteile besaß (erinnert sei an das Bild des Hirten, der seine Schafe fett werden läßt, damit sie einen optimalen Tauschwert erzielen). Sokrates hatte darauf (zumindest laut Platon) mit jener unglücklichen Umdeutung der Hirt-Herde-Beziehung geantwortet, in der davon abstrahiert wird, daß das Wohl der Schafe nur instrumentell zu sehen ist. Aristoteles konzipiert dagegen einen Oberbegriff der Gerechtigkeit als »Nützlichsein für den anderen« und bildet dann zwei Beziehungstypen, in denen dieses Nützlichsein sich vollziehen kann. Die eine Beziehung ist die zwischen Herrscher und Beherrschten, die andere besteht zwischen gleichrangigen Partnern ohne Herrschaftsbezüge. Die Thrasymachos-Deutung des »allótrion agathón« geht dabei verloren. Der Sophist hatte ursprünglich nur beschreiben wollen, daß sich die Untertanen gerecht, d. h. zu ihrem Nachteil verhalten. Aristoteles verleiht dagegen der sophistischen Kennzeichnung einen normativen Sinn: Jeder soll sich so verhalten, daß er dem anderen nützt. Das »allótrion agathón« wird von einem »fremden Gut« zum »Gut des anderen«. Thrasymachos wird normativ und unter Benutzung seiner eigenen Formel überholt. Gegen die *Forderung* von Gerechtigkeit ist kaum etwas einzuwenden. Bestehen bleibt jedoch der Zweifel an den Chancen ihrer Praktizierung angesichts der zu beobachtenden Ungerechtigkeit, den der Sophist gehegt hatte: Er hatte konstatiert, daß eine Neigung besteht, Gerechtigkeit als Tugend der anderen zu verstehen und sich davon auszunehmen. Dadurch erlangt derjenige, der so verfährt, Macht über die anderen und ist in seiner Strategie am Ende zusätzlich erfolgreich, weil er den Respekt der so Geschädigten genießt. Während Aristoteles Gerechtigkeit fordert, konstatiert Thrasymachos, daß perfide Strategien immer schon dafür gesorgt haben, Gerechtigkeit als eine Tugend der Verlierer zu etablieren.

Von der spätantiken Rezeption des Protagoras war bereits früher die Rede: Sextus Empiricus setzte sich kritisch mit Protagoras' M auseinander.

In der römischen Kaiserzeit entwickelte sich eine – von Philostratos so bezeichnete – zweite Sophistik, die heute auch als »Erstarrung und Verödung« bezeichnet wird, obwohl sie zur Erhaltung der griechischen Tradition beitrug. Von der alten Sophistik unterscheidet diese Tradition sich vor allem durch zwei Bezüge zu ihrer Umwelt: Sie fand institutionell etablierte Philosophieschulen vor, und sie bezog sich affirmativ auf die demokratieferne Realität der römischen Kaisermonarchie. Die zweite Sophistik ist seit langem ein eigenes Forschungsgebiet und wird darum hier nicht weiter behandelt.[142]

Bis zur Aufklärung

Die Neuzeit scheint sich im wesentlichen nur für eine einzige Äußerung eines Sophisten interessiert zu haben: Protagoras' Homo-mensura-Satz. Von der beginnenden Renaissance-Philosophie bei Nikolaus von Kues (1401-1464) bis zu Georg F.W. Hegel (1770-1831) wird diese Äußerung mindestens viermal aufgegriffen und kommentiert. Das Interesse an diesem Satz setzt sich aber auch noch bei Friedrich Nietzsche, im Pragmatismus und bei Autoren des 20. Jahrhunderts fort, insbesondere bei Paul Valéry (1871-1945) und Martin Heidegger (1889-1976). Die Interpretationen von fünf Jahrhunderten zum Satz des Protagoras folgen dabei zwei grundsätzlichen Typen des Verständnisses. Entweder soll gelten, daß der Mensch die Welt erschließt, oder es soll der Fall sein, daß er sie verstellt.

Nikolaus von Kues (auch Cusanus genannt) schrieb im 15. Jahrhundert in seiner Schrift *Der Beryll*: »[...] merke dir den Satz des Protagoras, daß der Mensch das Maß der Dinge (rerum mensuram) ist. Denn mit den Sinnen mißt er das Sinnliche, mit dem Intellekt das Intelligible, und das, was über das Intelligible hinausgeht, das erreicht er durch das Hinausgehen. Und das tut er aus Prämissen. Denn wenn er weiß, daß die erkennende Seele Ziel des Erkennbaren ist, so weiß er infolge einer sinnlichen Potenz, daß das Sinnliche so sein muß, wie es die Sinne vermögen. Ebenso geschieht es beim Intelligiblen, damit es geistig erfaßt werden kann, und beim darüber Hinausgehenden, damit es hinausgeht. Daher findet in sich der Mensch gleichsam die Position dessen, der alles Geschaffene mißt.«[143] Für Nikolaus ist klar, daß die Welt etwas von Gott Geschaffenes ist. Der Mensch mißt, indem er die Dinge mißt, nicht – wie bei Protagoras selbst – Erscheinendes in einer Situation, sondern er erschließt das gesamte Werk Gottes, indem die Gesamtheit des Geschaffenen seinem jeweiligen Maßstab entspricht. Messen ist bei Nikolaus zur Bezeichnung einer Korrespondenzrelation zwischen dem Erkennen und dem Sein geworden. Dabei ergibt sich der neuplatonischen Annahmen des Nikolaus von Kues zufolge im ganzen eine dreifache Stufung von Sinnlichkeit, Intellekt und dem, was diesen noch transzendiert.

Nikolaus lobt Protagoras nochmals für seinen Homo-mensura-Satz im 36. und 37. Kapitel des *Berylls*, aber in seinen übrigen Schriften wird der Sophist nicht namentlich erwähnt. Trotzdem könnte es sein, daß die Rückbesinnung auf jenen Satz bei Nikolaus mit zu den Entstehungsbedingungen einer eigentümlichen neuzeitlichen Kategorie geführt hat, nämlich der des *Wertes* (valor), die später bei Nietzsche und im 20. Jahrhundert zentral werden sollte.

In seiner Schrift *De ludo globi (Vom Globusspiel)* bemerkt Nikolaus, daß, »wenn wir Gott gleichsam als Münzer setzen, der Intellekt gleichsam der Münzbeamte ist« [144]. Gott schafft die Welt wie Münzen, und der Mensch ist dazu da, »Wert, Zahl, Maß und Gewicht« der Münzen offenzulegen. »Wert« (valor) ist dabei eine äquivalente Bezeichnung zum Protagoreischen Maß. Ohne den menschlichen Geist würde »alles Geschaffene keinen Wert besitzen« (»sine ipsa [sc. mente] omnia creata valore caruisset«) [145]. Wert soll hier noch als Abbildung, als repräsentationistische Wiederholung der geschaffenen Welt verstanden werden. Der oben analysierte Mythos des Protagoras kennt zwar auch die Vorstellung einer von göttlichen Gestalten geschaffenen Welt, aber er beruht auf anderen Voraussetzungen als die christliche Doktrin der von Gott aus dem Nichts hervorgebrachten Welt. Protagoras konzipiert eine mangelhafte Welt, die durch Hinzufügung der bürgerlichen Tugenden für den Menschen eine gewisse Überlebenschance bietet. Der christliche Metaphysiker Nikolaus von Kues dagegen unterstellt eine Ebenbildlichkeit des Menschen mit dem monotheistischen Gott: Was Gott schuf, kann und soll vom

Menschen in seinem Wert erfaßt werden. Der sophistische Sinn der Schaffung von Bedingungen für eine phänomenalistische Ontologie wird noch überlagert vom Platonismus einer Korrespondenz zwischen Sein und Erkennen.

Die im Zusammenhang mit der Erörterung des Homo-mensura-Satzes ausführlich besprochenen Autoren Francis Bacon und Thomas Hobbes teilen den Enthusiasmus des Nikolaus von Kues nicht mehr. Sie glauben nicht mehr daran, daß der Mensch zu Erkenntnis befähigt ist, insofern er das Maß aller Dinge ist. Vielmehr denken sie, daß der Mensch die Natur durch seine und in seiner Wahrnehmung verstellt.[146]

Spuren der Sophisten finden sich, anders als man vermuten würde, nicht bei mit der Antike so vertrauten Autoren wie Machiavelli, Montaigne oder zuvor bei Dante, der immerhin Sokrates, Zenon von Elea und vielen anderen im vierten Gesang des »Inferno« die Nische eines höllischen Elysiums gestattete. Dafür zollt der berühmte italienische Philosoph Giambattista Vico in seiner 1744 erscheinenden Schrift *Principij di Scienza Nouva* einen Tribut an Gorgias. Dieser habe, so Vico, die Prosa wieder poetisch werden lassen.[147]

19. Jahrhundert

Generell wird unterstellt, daß Hegel die Sophisten ausführlich rezipiert und von ihrer negativen Bewertung befreit hätte. Damit wird vorausgesetzt, daß die Sophisten durchgängig ein negatives Image besessen hätten. Daß dies nicht in der undifferenzierten Weise der Fall ist, beweist die hier angesprochene Gegenwart sophistischen Gedankenguts bei Platon, Aristoteles, Sextus Empiricus, in der zweiten Sophistik, bei Nikolaus von Kues ebenso wie die sehr ernsthafte Kritik an M bei F. Bacon und Th. Hobbes.

Hegels Behandlung der Sophisten fällt wesentlich einge-schränkter aus, als er selbst es zunächst ankündigt: Er behandelt eigentlich nur Protagoras, wenngleich auch Gorgias Erwähnung findet. Um zu würdigen und zu verstehen, was Hegel zur Deu-tung der Sophisten beigetragen hat, muß verdeutlicht werden, welche Fragestellung ihn bei seiner Philosophiegeschichte gelei-tet hat.

Hegel verwahrt sich dagegen, eine bloße Doxographie, eine bloße Reihung von Ansichten und Gegenansichten der Ge-schichte der Philosophie zu geben. Statt dessen behauptet er, daß zwischen der Abfolge der rein begrifflichen Reihen des Den-kens und dem historischen Aufeinanderfolgen eine Identität bestehe:

»Nach dieser Idee behaupte ich nun, daß die Aufeinanderfolge der Syste-me der Philosophie in der Geschichte dieselbe ist als die Aufeinanderfol-ge in der logischen Ableitung der Begriffsbestimmungen der Idee. Ich behaupte, daß, wenn man die Grundbegriffe der in der Geschichte der Philosophie erschienenen Systeme rein dessen entkleidet, was ihre äußer-liche Gestaltung, ihre Anwendung auf das Besondere und dergleichen betrifft, so erhält man die verschiedenen Stufen der Bestimmung der Idee selbst in ihrem logischen Begriffe. Umgekehrt, den logischen Fortgang für sich genommen, so hat man darin nach seinen Hauptmomenten den Fortgang der geschichtlichen Erscheinungen.« [148]

Die Gleichsetzung von historischer Abfolge der Philosophien und begrifflicher Ableitungsreihe wird als Ausdruck einer Akti-vität des »Geistes« selbst gedeutet: »Die Geschichte, die wir vor uns haben, ist die Geschichte von dem Sich-selbst-Finden des Gedankens, und bei dem Gedanken ist es der Fall, daß er sich nur findet, indem er sich hervorbringt, ja, daß er nur existiert und wirklich ist, indem er sich findet. Diese Hervorbringungen sind die Philosophien.« [149]

133

Man hat Hegel vorgehalten, er halte sein eigenes, zeitgebundenes Denken für die Vollendung und das erreichte Ziel der gesamten Philosophiegeschichte. Dabei wurde übersehen, daß für Hegel diese Geschichte auch einen und genau einen *Anfang* haben müßte, der der reinen Logik genau zu entsprechen hätte und in bezug auf den sich der Fortgang definierte. Wenn es bei der Aufeinanderfolge der Systeme tatsächlich nach der begrifflichen Abfolge ginge, die Hegel in seiner *Wissenschaft der Logik* etabliert, so müßte die Geschichte der Philosophie mit dem »Sein« beginnen, mit dem »Nichts« fortfahren und dann zur Position des »Werdens« fortschreiten. In der früheuropäischen Philosophie sind diese drei Positionen allesamt deutlich ausgeprägt worden. Das Sein wurde von Parmenides, das Nichts von Gorgias und das Werden von Heraklit repräsentiert. Problematisch ist nur, daß in der historischen Abfolge zuerst Parmenides, dann Heraklit (vielleicht auch erst Heraklit und dann Parmenides) und erst später der Sophist Gorgias auftrat. Hegels Gleichung zwischen ideeller und historischer Positionsfolge wird also von der tatsächlichen Chronologie nicht bestätigt.

Hegel hat über dieses Problem keine Auskunft gegeben. Vielmehr hat er den zu etablierenden Anfang der Geschichte der Philosophie vervielfältigt: Es gibt danach eine Reihe von effektiven Anfängen der Philosophie — die orientalische Philosophie, Thales, Parmenides, Heraklit und Anaxagoras bilden fünf Anfänge der Philosophie, von denen Hegel jeweils neu behauptet, daß mit ihnen die Philosophie erst wirklich begonnen habe. Die sechste Position des »echten Anfangs« stellt der Satz des Protagoras dar, einen siebten Anfang sieht er in Sokrates. [150]

In welchem Sinn stellt der Homo-mensura-Satz des Protagoras den sechsten Anfang der europäischen Philosophie für Hegel dar? Wodurch begründet sich Hegels Interesse an ihm? Hegel deutet den Menschen teils als willkürlich handelndes Individuum, teils als »Subjekt«. Dabei werden die entgegengesetzten Deutungen – der Mensch als ein zur Wahrheitsfindung Befähigter bzw. der Mensch als »Versteller« der Wahrheit der Welt – erstmalig von ein und demselben Autor voneinander unterschieden und gewichtet. Die Neuartigkeit der Hegelschen Deutung besteht darin, daß Protagoras die neuzeitliche Philosophie von Subjektivität vorweggenommen haben soll.

Es handelt sich um eine Subjektivität, die Erkenntnis nicht mehr nur als rezeptives und repräsentierendes Verhalten auslegt, sondern als Hervorbringung von Bedingungen dafür, daß und wie sich etwas zeigt. Ein längeres Zitat mag dies verdeutlichen:

»Daß Protagoras nun ausgesprochen, der Mensch sei dieses Maß, dies ist in seinem wahren Sinne ein großes Wort, hat aber zugleich auch die Zweideutigkeit, daß, wie der Mensch das Unbestimmte und Vielseitige ist, a) jeder nach seiner besonderen Partikularität, der zufällige Mensch, das Maß sein kann, oder b) die selbstbewußte Vernunft im Menschen, der Mensch nach seiner vernünftigen Natur und seiner allgemeinen Substantialität das absolute Maß ist. Auf jene Weise genommen ist alle Selbstsucht, aller Eigennutz, das Subjekt mit seinen Interessen der Mittelpunkt (und wenn auch der Mensch die Seite der Vernunft hat, so ist doch auch die Vernunft ein Subjektives, ist auch er, ist auch der Mensch); dies aber ist gerade der schlechte Sinn, die Verkehrtheit, welche man den Sophisten zum Hauptvorwurf machen muß, daß sie den Menschen nach seinen zufälligen Zwecken zum Zwecke setzten, – daß bei ihnen noch nicht das Interesse des Subjekts nach seiner Besonderheit und das Interesse desselben nach seiner substantiellen Vernünftigkeit unterschieden sind. Derselbe Satz kommt bei Sokrates und Platon vor, aber in weiterer Bestimmung; hier ist der Mensch das Maß, indem er denkend ist, sich einen allgemeinen Inhalt gibt.

Es ist also hier der große Satz ausgesprochen, um den sich von nun an alles dreht. Der fernere Fortgang der Philosophie hat den Sinn, daß die Vernunft das Ziel aller Dinge ist; dieser Fortgang der Philosophie gibt Erläuterung dieses Satzes. Näher drückt er die sehr merkwürdige Konversion aus, daß aller Inhalt, alles Objektive nur ist in Beziehung auf das Bewußtsein, das Denken also bei allem Wahren hier als wesentliches

Moment ausgesprochen ist; und damit nimmt das Absolute die Form der denkenden Subjektivität an, die besonders bei Sokrates hervorgetreten ist. Der Mensch ist das Maß von allem, – der Mensch, also das Subjekt überhaupt; das Seiende ist also nicht allein, sondern es ist für mein Wissen, – das Bewußtsein ist im Gegenständlichen wesentlich das Produzierende des Inhalts, das subjektive Denken ist wesentlich dabei tätig. Und dies ist das, was bis in die neueste Philosophie reicht.«[151]

Diese Bemerkung läßt sich auch als Wiederholung der Platonischen Polemiken gegen die Sophisten lesen. Hegel erhebt den Zeigefinger, die Sophisten sollen sich wegen ihrer Betonung des nur Zufälligen des Menschen schämen! Sie haben dafür gesorgt, daß der Mensch auch als das »Wahrheitverstellende« gedacht wird. Diese Zuspitzung sorgt nun ihrerseits dafür, daß Hegels Philosophie, wie einst diejenige Platons, von den Sophisten eingeholt wird. Denn Hegel müßte Kriterien dafür angeben, wie sich die Subjektivität von Individualität unterscheiden läßt. Daß das Maß dieser Unterscheidung wiederum der Mensch ist, ist nicht nur trivial, sondern weist darauf hin, daß »der Mensch« vielleicht unentwirrbar beides – Individualität und Subjektivität – ist. Damit sind wir jedoch dort wieder angekommen, wo Protagoras begann.

Friedrich Nietzsche gilt als derjenige Denker, der sehr viel von der Sophistik aufgriff und als aktuelles Gedankengut für seine Zeit wiederentdeckte. Jedoch vermag sich eine solche Ansicht über die Präsenz, Wiederentdeckung und Aktualität der Sophisten bei Nietzsche auf nicht mehr als zwei sehr summarische und thesenhafte Bemerkungen aus dem Nachlaß der achtziger Jahre (des 19. Jahrhunderts) zu stützen. Man wird also Ruf und Wirklichkeit von Nietzsches Kenntnis und Wiederaufnahme zu unterscheiden haben.

Nietzsches veröffentlichte und nachgelassene Schriften führen hinsichtlich der Sophisten auf eine zweifache Bilanz. Einerseits ist

Nietzsche an den historischen Sophisten wenig interessiert und hat kaum etwas Originelles über sie mitzuteilen. Andererseits läßt sich aber ein Interesse an einem Zug nachweisen, der gerade nicht zum gesicherten Bestand der historischen Sophistik gehörte. Es handelt sich um die Möglichkeit einer antidemokratischen Gegenaufklärung.

Nietzsche beginnt spät mit einer Wahrnehmung der Sophisten. Sein Interesse für sie erwacht erst im Kontext seiner Überlegungen zur Kritik der Moral und zum Willen zur Macht. Im dreizehnten Kapitel seiner Erstlingsschrift *Die Geburt der Tragödie oder Griechentum und Pessimismus* paraphrasiert er wohlwollend die Position des Komödiendichters Aristophanes in dessen Tragödie *Die Wolken*. Sokrates kommt »als der erste und oberste *Sophist*, als der Spiegel und Inbegriff aller sophistischen Bestrebungen« zur Geltung. Es bleibt jedoch bei dieser Paraphrase: Nietzsche verschwendet keinen Gedanken daran, Sokrates als einen Exponenten der Sophistik zu verstehen, obwohl er der Sicht des Aristophanes zuneigt, wonach Sokrates wesentlich diesem Kreis zuzurechnen ist. Man könnte nahezu von einer Vermeidung des Themas Sophistik beim frühen Nietzsche sprechen.

Die einzige sophistische Position, mit der sich Nietzsche intensiver auseinandersetzt, ist – wie zuvor bei Sextus Empiricus, Nikolaus von Kues, Bacon, Hobbes und Hegel – der Homo-mensura-Satz. Nietzsche lehnt diesen Satz ab. Das geschieht im veröffentlichten Werk mit besonderer Behutsamkeit, im Nachlaß dagegen wesentlich deutlicher. Im Abschnitt »Von den Vorurteilen der Philosophen« (Nr. 3) der Schrift *Jenseits von Gut und Böse* heißt es unter anderem: »Nachdem ich lange genug den Philosophen zwischen die Zeilen und auf die Finger gesehen habe, sage ich [...]: Zum Beispiel, daß das Bestimmte mehr wert sei als das Unbestimmte, der Schein weniger wert als die ›Wahrheit‹: dergleichen Schätzungen könnten, bei all ihrer regulativen Wichtigkeit für *uns*, doch nur Vordergrunds-Schätzungen sein, eine bestimmte Art von *niaiserie*, wie sie gerade zur Erhaltung von Wesen, wie wir sind, nottun mag. Gesetzt nämlich, daß nicht gerade der Mensch das ›Maß der Dinge‹ ist [...].« Protagoras' M steht im Verdacht, zu den grundsätzlichen Irrtümern der überlieferten Philosophie zu gehören. Er nährt ein Vorurteil, das zwar nützlich zur Arterhaltung der Menschen ist, zugleich aber auf einer dogmatischen Restriktion aller Bezüge auf das Menschliche beruht. Bereits zwischen 1873 und 1874 hatte Nietzsche notiert, die Philosophie sei auf dem Wege, »sich in ein relativistisches System zu verwandeln, ungefähr gleich dem *panton metron anthropos*. Damit ist es jetzt vorbei: denn es giebt nichts Unerträglicheres als solche Grenzwächter, die nie was anderes wissen als ›hier nicht weiter‹ ›dort darf man nicht hingehen‹ ›jener hat sich verlaufen‹ ›wir wissen nichts mit absoluter Zuverlässigkeit‹ usw. Es ist ein ganz und gar unfruchtbarer Boden.«[152] Nietzsche beweist damit einmal mehr, daß er außergewöhnlich stark dazu neigt, Ansätze anderer Philosophen zu übernehmen. Hier steht er im Bann der Bacon- bzw. Hobbes-These, wonach der Mensch die Wirklichkeit weitaus eher verstellt als aufschließt. Diese Entsprechung steht in einem weiteren, für Nietzsche bestimmenden – für uns nicht zum Thema gehörenden – Kontext, in welchem er die psychologische These eines Willens zur Macht (wenn auch nicht ausdrücklich) von Hobbes und die These einer Interpretation der Natur von Bacon übernimmt.

Das Interesse Nietzsches an der Sophistik dokumentiert sich erst im spätesten Nachlaß. Die eine relevante Stelle lautet: »*Zur Kritik der griechischen Philosophie* Das Erscheinen der griechischen Philosoph[en] von Sokrates an ist ein Symptom der décadence; die antihellenischen Instinkte kommen oben auf [...]. Noch ganz hellenisch ist der ›Sophist‹ [...]. Aber als Übergangsform: die Polis verliert ihren Glauben an ihre E[inzi]gkeit der Cultur, an ihr Herren-Recht über jede andere Polis [...] man tauscht die Cultur d. h. ›die Götter‹ aus [...] das Gut und Böse verschiedener Abkunft mischt sich: die Grenze zwischen Gut und Böse *verwischt* sich [...] Das ist der ›Sophist‹ [...].« Und an einer anderen Stelle heißt es:

»Der Augenblick sehr merkwürdig; die Sophisten streifen an die erste *Kritik der Moral*, die erste *Einsicht* in die Moral [...] — sie stellen die Mehrheit (die lokale Bedingtheit) der moralischen Werthurtheile neben einander — sie geben zu verstehen, daß jede Moral sich dialektisch recht-fertigen [lasse], daß es keinen Unterschied macht: das heißt, sie errathen, wie alle Begründung einer Moral nothwendig *sophistisch* sein muß — ein Satz, der hinterdrein im allergrößten Stil durch die antiken Philosophen von Platon an (bis Kant) bewiesen worden ist — sie stellen die erste Wahr-heit hin, daß ›eine Moral an sich‹, ein ›Gutes an sich‹ — nicht existiert, daß es Schwindel ist, von ›Wahrheit‹ auf diesem Gebiet zu reden. Wo war nur die *intellektuelle Rechtschaffenheit* damals? Die griechische Cultur der Sophisten war aus allen griechischen Instinkten herausgewachsen: sie gehört zur Cultur der Perikleischen Zeit, so nothwendig wie Plato *nicht* zu ihr gehört: sie hat ihre Vorgänger in Heraklit, in Demokrit, in den wis-senschaftlichen Typen der alten Philosophie; sie hat in der hohen Cultur des Thukydides z. B. ihren Ausdruck — und, sie hat schließlich Recht bekommen: jeder Fortschritt der erkenntnißtheoretischen und moralisti-schen Erkenntniß hat die Sophisten *restituirt* [...] unsere heutige Denk-weise ist in einem hohe Grade heraklitisch, demokritisch und protago-reisch [...] es genügte zu sagen, daß sie *protagoreisch* [sei], weil Protagoras die beiden Stücke Heraklit und Demokrit in sich zusammennahm.«[153]

Das außerordentliche Interesse an der Philosophie Nietzsches, das Bedürfnis, ihn zu lesen und nach immer neuen Gesichtspunk-ten zu deuten, hat dazu geführt, ihn als Klassiker zu betrachten, dessen Texte tendenziell an jeder Stelle gültig sind. Nietzsche selbst hat falschen Respekt, der die Auseinandersetzung scheut, nicht gewollt.

Nietzsche kann an dieser Stelle der Vorwurf nicht erspart bleiben, daß er im Grunde nur einen trivialen Gedanken äußert: Die Sophisten vertreten keinen moralischen Realismus, sondern moralischen Relativismus. Sie sind nicht der Ansicht, daß es moralische Tatsachen und moralische Erkenntnis gibt, sondern daß Moral auf Konventionen beruht. Das ergibt eine sehr generelle Umschreibung der Nomos-Physis-Unterscheidung. Nietzsche fügt eine Beurteilung des moralischen Relativismus der Sophisten hinzu, die ebenso apodiktisch geäußert wie beweisindifferent ist: Die Sophisten besaßen noch echte griechische Instinkte, die bei Platon verlorengingen. Natürlich lassen sich Instinkte der Griechen hypostasieren, nur erklären läßt sich – da das Wissen davon reine Behauptung bleibt – damit nichts.

Weitaus interessanter sind die Bezüge, die Nietzsche mit antidemokratischen Tendenzen der Sophistik verbinden, für die der Name des Kallikles steht. Wollte Kallikles den Starken ein eigenes Existenzrecht jenseits der für die Mehrzahl geltenden Nomoi sichern, so geht Nietzsche einen Schritt weiter und fordert ein Recht zur Vernichtung der Schwachen. Darstellung und Kritik dieser Rezeption der Sophistik gehören jedoch im ganzen nicht mehr zu unserem Thema. Denn einerseits handelt es sich bei der Position des Kallikles um einen historisch wenig gesicherten Teil der Sophistik, und andererseits wird der Name des Kallikles von Nietzsche nicht explizit erwähnt.

Auf sophistisches Gedankengut rekurriert Nietzsche noch einmal in seinem berühmt-berüchtigten Satz über eine neue Aufklärung: »Die neue Aufklärung – die alte war im Sinne der demokratischen Heerde. Gleichmachung aller. Die neue will den herrschenden Naturen den Weg zeigen – inwiefern ihnen *alles erlaubt ist*, was den Heerden-Wesen nicht freisteht.« [154] Diese Bemerkung gilt einer von Nietzsche gewollten Zukunft. Gleichwohl greift er hier ohne ausdrückliche Nennung auf Positionen der Sophistik zurück: Er kombiniert Thrasymachos' Hirt-Herde-Bild mit der Kallikles-Beschwörung vom Existenzrecht der Starken. Die demokratischen Gleichheitsgebote der Sophisten Antiphon, Alkidamas und Protagoras werden von ihm falschen Aufklärungsidealen zugeordnet.

20. Jahrhundert

Der Homo-mensura-Satz des Protagoras kommt, gleichsam wie eine Renaissance des Renaissance-Humanismus des Nikolaus von Kues, zu Beginn des 20. Jahrhunderts zu uneingeschränkter Geltung. Der deutsch-englische Philosoph Ferdinand Canning Scott Schiller (1864-1937), der in Oxford und den USA den amerikanischen »Pragmatismus« in einen »Humanismus« zurückübersetzen wollte, schreibt:

»Sodann war mir daran gelegen, eine Bezeichnung für das Grundprinzip zu finden, um das es sich schließlich handelte, nämlich daß wir berechtigt sind, die Philosophie als eine Betätigung des *ganzen* Menschen aufzufassen sowie anzuspielen auf den lange verkannten Satz des Protagoras. Denn der Mensch ist nun einmal tatsächlich das Maß aller Dinge, die er erkennt; und daß ein jeder für seine Erkenntnisse Anspruch auf Wahrheit erhebt, ist gleichfalls Tatsache und führt *nicht zum Skeptizismus*, sondern zu der tatsächlich bestehenden Vielfältigkeit und unaufhörlichen Fortbildung der wissenschaftlichen Anschauungen. Warum also nicht das schöne allbekannte Wort Humanismus endlich auch einmal zu philosophischen Zwecken verwerten?«[155]

Schiller unterstellt hier irrtümlich, daß der Homo-mensura-Satz zumeist verkannt wurde, indem er nicht auf die neuzeitliche Deutungsgeschichte des Satzes reflektiert. Bemerkenswert ist jedoch, daß er Protagoras aus dem — oben dokumentierten anti-

ken – Einwand, es werde bloß Skeptizismus betrieben, heraus-
nimmt und den Homo-mensura-Satz als Grundlage und Bestätigung eines sich intersubjektiv regelnden wissenschaftlichen Fort-
schritts versteht. Das war von Protagoras nicht vorgesehen, widerspricht ihm aber auch nicht. Schiller bietet nach Nikolaus von
Kues erstmals wieder eine uneingeschränkte Version, wonach
der Mensch im Satz von Protagoras nicht die Wirklichkeit
verstellt, sondern sie garantiert.

Der amerikanische Philosoph Wilfried Sellars hat später, im
Verfahren dem späten Platon analog, den Satz durch Austausch
des Subjekts szientistisch gewendet: Zum Maß von allem wird
jetzt die Wissenschaft. Der humanistische Protagoreismus Schil-
lers, der »Mensch« sagte, aber letztlich »Wissenschaft« meinte,
wird dadurch erst in seinem aktuellen Gehalt offenkundig.

Bevor wir abschließend auf Fragen einer »modernen« Sophistik zu sprechen kommen, soll noch auf zwei sehr eigenwillige
Deutungen des Homo-mensura-Satzes hingewiesen werden, die
sich zum einen bei Paul Valéry und zum anderen bei Martin Heidegger finden.

Paul Valéry schlägt 1930 in seinen – in jeder Hinsicht uner-
schöpflichen – Tagebüchern vor, die Überlieferung jenes Satzes
wie folgt zu verändern: Der Mensch ist das Maß aller Dinge, der
seienden, daß bzw. wie sie nicht sind, der nicht seienden, daß
bzw. wie sie sind. Valéry begründet diese Umstellung durch folgende Überlegung: »Denn das ist die seltsame Kraft des Menschen – 1) Dem, *was nicht ist*, die Macht und die Wirkung der
Existenz zu geben [...]. 2) Dem, *was ist*, diesen Zug zu nehmen
oder zu verweigern. Im ganzen: das Nichtseiende zu bejahen und
das Seiende zu verneinen. Die große Sache des Menschen ist, zu
bewirken, daß das, was ist, nicht sei und daß das, was nicht ist,
sei.« [156]

Wenn Valéry behauptet, daß die überlieferte Lesart nicht der

142

wahre Text sei, so ist das textkritisch nicht ernst gemeint. Was Valéry zum Ausdruck bringt, ist die Bekräftigung, daß der Mensch die Welt »verstellt«; dies wird jedoch mit einer völlig neuen Bewertung paradox gepaart. Hatten Bacon, Hobbes, in gewisser Hinsicht auch Hegel und schließlich Nietzsche darauf bestanden, daß der Homo-mensura-Satz nicht gültig sei, weil der Mensch die Wirklichkeit »verstelle«, so nimmt Valéry dies zum Anlaß, um zu urteilen, daß dies das eigentümliche Werk und die Chance des Menschen sei. Die Stärke des Menschen – und sie ist es, die Valéry interessiert – besteht gerade darin, die Sachverhalte zu verändern, Existenz zu Nichtexistenz und Nichtexistenz zu Existenz werden zu lassen. Valérys Bemerkung über Protagoras wird im Kontext einer Suche nach einer Wissenschaft der Perspektivität bedeutsam: »Mein wesentliches Problem war und bleibt die Entwicklung einer Wissenschaft der *Sichtweisen*«, heißt es in einer grundlegenden programmatischen Äußerung der Tagebuchaufzeichnungen.[157] Valéry hat sich auch generell über die Sophisten geäußert und notiert: »Der Rhetor und der Sophist: Salz der Erde. Götzendiener sind alle anderen, die die Wörter für die Sachen und die Sätze für Handlungen nehmen.« Den Sophisten gehöre »das Reich des Möglichen«.[158] Damit dürfte er eine ähnliche Auffassung vertreten haben, wie oben zum Thema der Sophistik als Kunst zur Sprache kam. Die Sophisten, so deutet Valéry an, bringen Sprache als Sprache und damit mögliche Welt zur Geltung; sie verwechseln sie nicht mit der Wirklichkeit.

In Notizen aus dem Jahr 1938 behauptet Martin Heidegger, daß der Homo-mensura-Satz keinen Subjektivismus ausdrücke, weil das in der griechischen Philosophie gar nicht möglich gewesen sei:

»Die metaphysische Grundstellung des Protagoras ist nur eine Ein-
schränkung und d. h. doch Bewahrung der Grundstellung des Heraklit
und Parmenides. Die Sophistik ist nur möglich auf dem Grund der
sophía, d. h. der griechischen Auslegung des Seins als Anwesen und der
Wahrheit als Unverborgenheit. [...] Eines ist die Bewahrung des jeweilig
beschränkten Umkreises der Unverborgenheit durch das Vernehmen des
Anwesenden (der Mensch als »Métron«). Ein Anderes ist das Vorgehen
in den entschränkten Bezirk der möglichen Vergegenständlichung durch
das Errechnen des jedermann zugänglichen und für alle verbindlichen
Vorstellbaren. Jeder Subjektivismus ist in der griechischen Sophistik
unmöglich, weil hier der Mensch nie Subjectum sein kann; er kann dies
nicht werden, weil das Sein hier Anwesen und die Wahrheit Unverborgenheit ist.«[159]

Heidegger redet hier in dogmatischer Form über seine Auslegung
dessen, was er die »griechische Auslegung des Seins« nennt. In
der Sache berührt er eine entscheidende Frage, die er jedoch zu
einer Angelegenheit der Definition verkürzt: Er definiert »Subjektivismus« als Überschreitung des Menschen hinsichtlich des
Existierenden zugunsten intersubjektiv zur Deckung kommen-
der Annahmen über das, was bloß vorgestellt wird. Demgegenüber gilt laut Heidegger, daß Protagoras keinen Subjektivismus
vertritt, weil er sich mit dem »métron« auf das beschränkt, was für
das griechische Denken als feste Größe vorgegeben ist, nämlich
Sein als Wahrheit. Heidegger erwägt dabei jedoch nicht, daß —
wie es oben erläutert wurde — der Satz sich auf die Willkür und
Instabilität leibgebundener Erkenntnisschaffung beziehen könnte, die in der Tat auf Parmenides zurückgeht. Sie wird jedoch bei
Parmenides eher als Warnung vor dem falschen Weg formuliert
und von Protagoras zum einzig Verbleibenden umgewertet. Es
könnte sein, daß Heidegger mit seiner Neigung, von den alten
Philosophen in Allsätzen zu sprechen — »die« Griechen zum Beispiel —, den Homo-mensura-Satz des Protagoras hinsichtlich seiner Freisetzung von Willkür unterschätzt hat.

144

Zu Beginn des 20. Jahrhunderts kommt die Rede von einer »modernen« oder »zeitgenössischen« Sophistik auf: 1931 veröffentlichte Karl Jaspers (1883-1969) ein Buch mit dem Titel *Die geistige Situation der Zeit*, über das er 1946 bemerkte, es sei zwar »auf manchen Seiten auch in der Stimmung an seine Jahre gebunden«, bleibe aber in der »philosophischen Haltung und Weltperspektive« gültig. Das kleine Büchlein enthält zwei Kapitel, in denen moderne Sophistik zur Sprache kommt, »Rechtfertigungsweisen einer verabsolutierten Daseinsordnung (moderne Sophistik)« und »Der Sophist« betitelt. Im erstgenannten Kapitel heißt es unter anderem: »Der Geist glaubt nicht mehr sich selbst, als eigenem Ursprung; er macht sich zum Mittel. So in vollkommener Beweglichkeit zur Sophistik geworden, kann er jedem Herrn dienen. Er beschafft sich die rechtfertigenden Gründe jedes Zustands, der in der Welt wirklich wurde oder von mächtigen Kräften verwirklicht werden soll. Dabei weiß er, daß es ihm nicht ernst ist, und er vereinigt dies heimliche Wissen mit der Pathetik eines vorgetäuschten Überzeugtseins.«[160]

Jaspers arbeitet hier mit einer polemisch gewendeten Bedeutung von Sophistik als Scheinüberzeugung, die sich beliebigen Zwecken zur Verfügung stellt. Damit wird nicht unmittelbar ein Anspruch auf Aussagen über die alte Sophistik erhoben; mittelbar erscheint jedoch auch sie als Inbegriff bloßer Machenschaften von von einer Sache scheinbar überzeugten Menschen. Der Sophist ist ein Pathos und Überzeugung vortäuschender Mensch. Der Sophist »*glaubt [...] an das Nichts.* Er findet in der *Intellektualität* die einzige Heimat.«[161] Abgesehen von der Frage, ob Jaspers hier Personen beschreibt oder Beschreibungen zu Quasi-Personen zusammenfaßt, regt sich der Verdacht, daß er selbst das praktiziert, was er der modernen Sophistik vorhält, nämlich rhetorische Manipulation. Denn ohne den Leser über die Bedeutung antiker Sophistik aufgeklärt zu haben, versucht er ihn glauben zu machen, Sophistik sei etwas Schlechtes, sei intellektualistischer Nihilismus.

Geriet Jaspers' Polemik gegen eine »moderne« Sophistik allzu vordergründig zur Bekämpfung der Sophistik mit deren eigenen Mitteln, so wird in der französischen Philosophie des späten 20. Jahrhunderts wesentlich präziser und philosophischer von einer »zeitgenössischen« Sophistik innerhalb der Philosophie selbst geredet: Alain Badiou behauptet, die antiken Sophisten seien die feindlichen Brüder der Philosophie gewesen, und gegenwärtig gebe es zwei parallele Tendenzen im Hinblick auf ihre Wahrnehmung. Einmal geschehe es, daß nicht Platon und Aristoteles als die großen antiken Philosophen dargestellt würden, sondern Protagoras und Gorgias; und zum anderen bestehe in der zeitgenössischen Philosophie eine starke Neigung zu sophistischem Denken. Badiou läßt keinen Zweifel daran, wen er als den modernen Sophisten betrachtet: »Der moderne Sophist versucht die Idee der Wahrheit durch die Vorstellung der Regel zu ersetzen. Das ist der tiefste Sinn des im übrigen genialen Unternehmens Wittgensteins. Wittgenstein ist unser Gorgias, und wir bringen ihm insofern Respekt entgegen. Bereits der antike Sophist ersetzte die Wahrheit durch die Mischung von Macht (force) und Konvention. Der moderne Sophist will die Kraft (force) der Regel und allgemeiner die sprachlichen Autoritätsformen des Gesetzes der Entbergung oder Erzeugung des Wahren entgegensetzen.«[162] Badiou, der selber eine Philosophie eines »Platonismus der Vielheit« (platonisme du multiple) vertritt, faßt also die zeitgenössische Philosophie der sprachanalytischen Wende (linguistic turn) als moderne Sophistik auf. Interessant ist aber weniger diese Deutung selbst als vielmehr seine weitergehende These, daß moderne Sophistik in hohem Maße nützlich für die moderne Philosophie sei: Die Philosophie dürfe nicht dogmatisch sein und die Sophistik ein für alle Mal erledigen wollen. Der Sophist vertrete, daß es keine Wahrheit gibt, daß eine Vielheit von Sprachspielen existiert und daß das Sein unerkennbar ist. Platon habe Protagoras, Kallikles und Thrasymachos zwar mit einer gewalttätigen Komik, zugleich aber mit Respekt behandelt, wobei die Sophisten auch selbst zu Wort gekommen seien. Erst im 10. Buch der *Nomoi* begehe er den Fehler, die Sophistik zu untersagen.

Es folgt eine Kritik der zeitgenössischen französischen Philosophie als Exponent einer neuen Sophistik: »[...] die zeitgenössische ›Philosophie‹ ist eine generalisierte Sophistik, und zwar nicht ohne Talent und Größe. Sprachspiele, Dekonstruktion, schwaches Denken, ausweglose Heterogenität, Widerstreit und Differenzen, Ruin der Vernunft, Bevorzugung des Bruchstücks, zerbröckelter Diskurs: all das argumentiert zugunsten einer sophistischen Denklinie und führt die Philosophie in eine Sackgasse.« Deshalb müsse es ein Gegengewicht, d. h. eine zeitgenössische Philosophie geben. Sie sei »eine ewig gültige Erhellung – ohne Gott und Seele – der einzigen Tatsache [...], daß es Wahrheiten gibt« [163].

Zu der bereits existierenden Sophistik der Gegenwart, deren »Fürst« (prince) Nietzsche sei, müsse die Philosophie endlich auch die zeitgenössischen Äquivalente zu *Symposion* und *Politeia* schreiben: »[...] wir müssen für unsere Zeitgenossen die *Politeia*- und die *Symposion*-Schriften schreiben. Ganz so, wie es, bezogen auf die großen Sophisten, die Dialoge *Gorgias* und *Protagoras* gegeben hat, so muß es [philosophische Schriften mit den Titeln] *Nietzsche* und *Wittgenstein* geben. Und für die kleineren Schriften [welche], die *Vattimo* oder *Rorty* betitelt sind. Sie haben nicht weniger polemisch und nicht weniger respektierlich zu sein [als jene Dialoge Platons].« [164]

Man wird anderswo vergeblich nach einer vergleichbar starken Gegenwartsdiagnose mit Hilfe von Analogien zur philosophischen Landschaft der Sophistik suchen. In der Konsequenz

Badious zeigt sich jedoch auch die Problematik seines Gegenwartsverständnisses. Indem die philosophischen Zeitgenossen der USA (Rorty), Italiens (Vattimo), Englands und Deutschlands (Wittgenstein) und Frankreichs (die nicht namentlich genannten Derrida, Deleuze, Lyotard, Levinas) insgesamt nicht nur mit den alten Sophisten verglichen, sondern vollständig analog gesetzt werden, wird die Folgerung unumgehbar, daß Philosophie heute in einer Wiederholung und Verbesserung Platons zu bestehen habe. Wir befinden uns damit in einer Welt, in welcher ein Wissen von der Gegenwart auf der Identifikation mit und der Wiederholung von Vergangenem beruht. So interessant Badious Rückgriff auf das Zeitalter der Sophisten erscheint, so verengende Folgen besitzt er nicht nur für die Positionen, die als Sophistik klassifiziert werden, sondern auch für das Selbstverständnis der Philosophie. Denn dieser wird die Aufgabe einer Wiederholung Platons zugewiesen, dessen grundsätzliche Problematik von derselben zeitgenössischen Philosophie verdeutlicht worden ist, die von Badiou als Sophistik klassifiziert wird. [165]

Vermutlich reagiert Badiou mit seinen Gedanken zu einer modernen Sophistik auf eine Erinnerung an die Sophisten durch einen anderen französischen Autor, die auf das Gegenteil der Konzeption Badious hinauslief. Es handelt sich um Michel Foucault, dessen Andeutungen zur antiken Sophistik in seiner Antrittsvorlesung am Collège de France von 1970 enthalten sind, die 1971 als *L'ordre du discours* (dt. *Die Ordnung des Diskurses*) veröffentlicht wurde. In der bereits unübersehbaren Literatur zu Foucault wird dessen Bezugnahme auf die Sophistik kaum wahrgenommen.

Foucault arbeitet mit der Hypothese, daß jede Gesellschaft ihre Diskurserzeugung mit dem Ziel kontrolliert, auswählt, organisiert und verteilt, das Reden zu beherrschen. Ein von Foucault eigentlich nur gelegentlich berührtes Beispiel für diesen Vorgang ist die Vertreibung der Sophisten aus demjenigen, was sich bei Platon als »wahre Rede« (discours vrai) etabliert. Die Sophistik wird dabei als »kostbare und wünschenswerte Rede« gekennzeichnet, die »an die Ausübung der Macht« gebunden gewesen sei. Nach der Vertreibung der Sophisten habe das okzidentale Denken darüber gewacht, daß zwischen Denken und Sprechen ein Minimum von Verschiedenheit auftritt.[166]

Man hätte sich von Foucault im Hinblick auf die Sophisten und auch auf Sokrates indessen mehr gewünscht als vielsagende Hinweise dieser Art, die eher dem beschriebenen generalisierenden Umgang Nietzsches und auch noch Heideggers mit der Sophistik ähneln. Foucault hat, wie oben ausgeführt, seine Überlegungen zu der Hirt-Herde-Metaphorik nicht für eine Neuentdeckung des Thrasymachos genutzt, und er hat seine Überlegungen zu einer außermoralischen Ethik der Selbststilisierung auf die Spätantike begrenzt, obwohl, wie man ihm mit Recht vorgerechnet hat, Sokrates dafür erheblich mehr Stoff geboten hätte.[167] Am Ende mag sogar die Vermutung erlaubt sein, daß seine Reflexionen zu einer Ethik-Ästhetik des Selbst anders ausgefallen wären, wenn er die Artistik der sophistischen Kunstwirklichkeit des Erfolgs zusammen mit dem demokratiespezifischen Bedürfnis der Athener nach einem Getäuschtwerden berücksichtigt hätte.

8. Der Reiz des Überzeugens

Parmenides ließ einst in seinem Lehrgedicht *Über das, was ist* eine namenlose Göttin die Worte sprechen: »So ist es nötig, daß du alles erfährst / Sowohl der überzeugenden Wahrheit unerschütterliches Herz / Als auch der Sterblichen Sichtweisen.«[168] Die Wahrheit – »alétheia«, ursprünglich vermutlich bloß die unverhohlene Darstellung von Sachverhalten sowie die so dargestellten Sachverhalte selbst – wirkt göttlich, die Ansichten dagegen sind sterblich mit den Sterblichen.

Die Sophisten belehren uns darüber, daß wir die Ansichten (dóxai) nicht gering achten sollten. Denn durch sie sind wir vergesellschaftet (vgl. den Mythos des Protagoras), mit ihnen begegnet uns in verschiedenen Situationen Welt (Protagoras' Homo-mensura-Satz), ihr Spiel kann den lustvollen artistischen Umgang mit dem Nichtsein ergeben, den eine unmittelbare Demokratie sich zu leisten imstande ist (Thukydides, *Dissoi Logoi*, Gorgias).

Die Erinnerung an die Sophisten kann nicht zuletzt unser Verständnis der anderen antiken Philosophen verbessern. Wir können zum Beispiel entdecken, daß Parmenides weitaus weniger dogmatisch verfahren ist, als sein Ruf vermuten läßt: Er redete nicht von einer göttlichen, sondern bloß von einer »überzeugenden« Wahrheit (aletheíes eupeithéos). Die Sophisten haben das zum Vorschein gebracht, was ihre Vorgänger und Nachfolger eher versteckt zu bieten pflegen: Aussagen, die *überzeugen*, nicht mehr, aber auch nicht weniger.

Anhang

Zur Zitierweise

Die Texte der Sophisten und der Vorsokratiker werden nach der folgenden Ausgabe zitiert: Diels, H., Die Fragmente der Vorsokratiker, Bd. 2, hrsg. von W. Kranz, 16. Aufl., Dublin/Zürich 1972. Jeweils angegeben sind die Sigle DK, die Autorennummer, der Fragmentartbuchstabe und die Fragmentnummer.

Die Texte Platons werden nach der standardisierten Numerierung von Stephanus, diejenigen des Aristoteles nach der ebenfalls standardisierten Zählung der Bekker-Ausgabe zitiert.

Anmerkungen

1 Vgl. C.J. Classen, Einleitung, in: ders. (Hg.), Sophistik, Darmstadt 1976, S. 2, mit Hinweis auf Platon, Protagoras 317 c-b und 349 a sowie auf Isokrates 10, 9.

2 Ebenda, S. 1 f.

3 Aristophanes, Die Wolken, V. 331-334. Gegenstand der antiken Komödie ist eine bissige »Verulkung« des Sokrates. Sie wurde 432 v. Chr. aufgeführt.

4 Vgl. Platon, Gorgias 452 d-e bzw. Sophistes 323 b ff.

5 Vgl. Goethe, Faust I, V. 3050: »Faust: Du bist und bleibst ein Lügner, ein Sophiste.« Sehr lobend ist allerdings die Rede über die Sophisten bei J. de Romilly, Les grands sophistes dans l'Athènes de Périclès, Paris 1988. Bedeutsam für den modernen Sprachgebrauch ist die Tatsache, daß im Englischen »intellektuell anspruchsvoll«, »sophisticated« und »hochgestochene Art« »sophistication« bedeutet. Diese Wörter haben auf die entsprechenden französischen Ausgangswörter »sophistique« bzw. »sophistication« zurückgewirkt, die inzwischen ebenfalls in diesem Sinn verwendet werden können. Das Deutsche, sonst zu jeglicher Übernahme aus dem Englischen mehr als bereit, läßt dagegen bisher keine Spuren eines Sophistik-Imports erkennen. Ich erinnere mich an einen Versuch des deutsch-amerikanischen Philosophen Nicolas Rescher bei einer Diskussion zu einem Vortrag in Hannover 1984, »more sophisticated« auf Deutsch als »mehr sophistisch« auszudrücken, was sofort mit einer spontanen Empörung des Auditoriums beantwortet wurde. Offenbar besteht in der deutschen Sprachgemeinschaft kein Bedürfnis, Begriffe wie »sophistisch« oder »Sophistikation« als Bezeichnungen einzuführen, die eine intellektuelle Verfeinerung bezeichnen. Ein linguistischer Import würde im übrigen nicht notwendig einen Verzicht auf einen kritischen Gebrauch dieser Wörter ausschließen. Im Englischen z.B. kann »sophisticated« auch noch unecht, verfälscht und »sophistication« Fälschung, Verfälschung bedeuten.

Der englische und französische Sprachgebrauch indiziert nichtsdestoweniger die Tatsache, daß die Sophisten weniger einer Rehabilitierung bedürfen, als dies aus der Optik der deutschen Traditionen erforderlich erscheint.

6 Xenophon, Memorabilien 16,13.

7 Platon, Alkibiades maior 119 a. Hundert Minen waren übrigens eine stattliche Summe. Der Bedarf einer kleinen Familie belief sich auf etwa sieben Minen pro Jahr.

8 Zum Thema Thukydides und die Sophisten vgl. O. Luschnat, Thukydides, der Historiker, in: A. Pauly/G. Wissowa u. a. (Hg.), Pauly's Realencyclopädie der classischen Altertumswissenschaft, Supplementband 12, Stuttgart 1970, Spalte 1085-1354, und ders., a. a. O., Supplementband 14, Stuttgart 1974, Spalte 760-786. Zum Thema der Macht bei Thukydides vgl. die immer noch aufschlußreichen Bemerkungen von J. Vogt, Dämonie der Macht und Weisheit der Antike (1950), bzw. G. Ritter, Dämonie der Macht und Weisheit der Antike. Eine Erwiderung (1950), in: H. Herter (Hg.), Thukydides. Wege der Forschung, Darmstadt 1968, S. 282-317.

9 Thukydides, Geschichte des Peloponnesischen Krieges III, 38, übers. von G.P. Landmann, München 1973.

10 Wir können allerdings nicht sicher sein, daß Kleon diese oder vergleichbare Worte wirklich gesprochen hat. Denn Kleon gegenüber ist Thukydides negativ eingenommen. Keineswegs bietet Thukydides, wie im 19. Jahrhundert unterstellt, eine objektive Geschichtsdarstellung. Hinsichtlich der zitierten Rede bemerkt H.D.F. Kitto in seinem Standardwerk The Greeks, Harmondsworth 1986, S. 145, zugunsten der Authentizität, die Rede sei »clever«, nur müsse man sich wundern, daß Kleon in Gegenwart des Perikles so zu reden gewagt habe. A.G. Woodhead bestätigt in seiner kritischen Studie über Thukydides Züge des Kleon, die wir Thukydides entnehmen können: »Wir sollten stets daran denken, daß Kleon ein Mann mit einem flinken Mundwerk war, ein Mann, der sein Lebensziel darin sah, die Menge (pléthos) zu führen, indem er sie verführte, d. h. indem er um ihre Gunst buhlte.« (Ders., Das Kleonporträt des Thukydides, in: H. Herter (Hg.), a.a.O., S. 586.

11 Vgl. das zuerst 1912 erschienene Buch von H. Gomperz, Sophistik und Rhetorik. Das Bildungsideal des »eu legein« in seinem Verhältnis zur Philosophie des V. Jahrhunderts, Stuttgart 1965. Hier wird die Sophistik ausschließlich als Rhetorik aufgefaßt.

12 Vgl. etwa die Platonischen Dialoge *Gorgias* und *Protagoras* sowie das byzantinische Wort- und Sachlexikon *Suda* aus dem 10. Jahrhundert.

13 In Protagoras, Über die Götter, B 4, heißt es: »Über die Götter vermag ich nichts zu wissen, weder daß sie sind, noch daß sie nicht sind, noch wie sie an Gestalt sind.«

14 Zwar ist es richtig, daß Sokrates hingerichtet wurde und Aristoteles bei der Wiederherstellung der Demokratie im Jahr 323 v.Chr. aus Athen floh. Von einer »Hexenjagd« auf Intellektuelle in Athen kann jedoch wohl zu keinem Zeitpunkt die Rede sein. Sechshundert Jahre vor und sechshundert Jahre nach unserer Zeitrechnung erfreute sich das Philosophieren in dieser Zone Europas einer ihm anderswo nicht vergleichbar vergönnten Freiheit. E.R. Dodds hatte das Urteil einer Hexenjagd nahegelegt (ders., The Greeks and the Irrational, Berkeley 1951, S. 189). Überzeugend erscheint dagegen die Kritik dieser Ansicht durch I.F. Stone (ders., The Trial of Socrates, London 1988, S. 231 ff.).

15 Protagoras, 80 B 1.

16 Vgl. Anm. 13.

17 Pseudo-Aristoteles, De Melisso Xenophane Gorgia = MXG 979 a 10-980 b I.

18 Sextus Empiricus, Adversus Mathematicos VII 65-87; die Überlieferung in Pseudo-Aristoteles gilt nach derzeitigem Forschungsstand als die zuverlässigere.

19 H. Diels nach O.A. Baumhauer, in: Metzler Philosophen Lexikon, Stuttgart 1989, S. 295.

20 Aristoteles, Pol. III 9, 1280 b 8 ff. = DK 83 A 3.

21 W.K.C. Guthrie, A History of Greek Philosophy, Bd. 3, Cambridge 1962 ff., S. 314; vgl. auch A. Graeser, Die Philosophie der Antike 2. Sophistik und Sokratik, Plato und Aristoteles (= Geschichte der Philosophie, Bd. 2, hrsg. von W. Röd), 2. Aufl., München 1993, S. 48.

22 Hier geht es zum einen um die Frage, wie die Rechte des Individuums gegenüber der Gesellschaft gewahrt werden können (DK 83 A 3), zum anderen um kritische Anmerkungen bezüglich der Legitimation des Einflusses des Adels (DK 83 A 4).

23 Aristophanes, Die Wolken, V. 361 bzw. DK 84 A 5.

24 Das Wort »Horai« bezeichnet die »Jahreszeiten«, die »Lebensalter« oder auch die griechischen Göttinnen gleichen Namens.

25 Vgl. DK 84 B 5 und B 6.

26 Vgl. DK 84 B 1 und B 2.

27 Vgl. Platon, Hippias, und ders., Protagoras.

28 Hippias soll die Quadratix genannte Kurve erfunden haben, mit deren Hilfe es ihm möglich war, einen Winkel in drei Teile zu teilen.

29 Vgl. Anm. 27.

30 Platon, Politeia I, 336 a ff.

31 Vgl. DK 87 B 1 ff.

32 Vgl. DK 88 B 25.

33 So u. a. in Platon, Charmides 154 b, 157 e, sowie ders., Timaios 20 a, 21 a.

34 Platon, Gorgias, 481 b-506 c.

35 Ders., Kratylos 386 d 3-7.

36 Vgl. DK 90.

37 Vgl. hierzu bes. G.B. Kerferd, The Sophistic Movement, Cambridge 1969.

38 Vgl. dazu W. Nestle, Vom Mythos zum Logos, Stuttgart 1975, S. 303-305. Der Verfasser spricht u. a. von den »arischen Völkern als denen der höchstbegabten Rasse« (!, S. 6), das Buch bleibt aber als Gesamtdarstellung der griechischen Entwicklung dennoch material- und hilfreich.

39 »Der Autor – oder das, was ich als Funktion Autor zu beschreiben versuchte – ist wohl nur eine der möglichen Spezifikationen der Funktion Stoff.« M. Foucault, Was ist ein Autor?, in: ders., Schriften zur Literatur, Frankfurt/M. 1988, S. 31.

40 Aristophanes, Die Wolken, V. 423.

41 Vgl. in diesem Zusammenhang die einleitenden Bemerkungen im vorliegenden Buch, S. 7 f. sowie z. B. S. 11.

42 G. Böhme, Der Typ Sokrates, Frankfurt/M. 1988, S. 48.

43 So Perikles über die attische »demokratía« bei Thukydides II, 37,2. Die stärksten Argumente gegen eine Demokratiefreundlichkeit des Sokrates liefert indessen I.F. Stone, a. a. O. Ein zentrales Argument dafür, daß Sokrates die Demokratie dennoch befürwortete, besteht darin, daß sie ihm als die Staatsform galt, die diejenige moralische Reflexion erlaubt, welche von einem Gemeinwesen zu seinem Bestand benötigt wird. Vgl. R. Kraut, Socrates and the State, Princeton 1983, sowie C. Brickhouse/N.D. Smith, Socrates on Trial, Oxford 1990, S. 170 ff.

44 Die erste Deutungsmöglichkeit ist von H. Diels und später von O.

Gigon vertreten worden. Von einem historischen Sokrates gehen die englischen Platon-Forscher J. Burnet und A.E. Taylor aus. Der Platon-Übersetzer F. Schleiermacher vertrat die vermittelnde Position: Platon vermischte danach Eigenes mit tatsächlich Sokratischem.

45 Vgl. dazu die aufschlußreiche Abgrenzung zwischen beiden Positionen bei W.H. Pleger, Die Vorsokratiker, Stuttgart 1991, S. 168 ff.

46 Vgl. W.J. Verdenius, Der Logosbegriff bei Heraklit und Parmenides, in: Phronesis XI, 1966, S. 81 ff., und B.H.F. Taureck, Philosophie und Metaphilosophie. Studien zwischen Antike und (Post-)Moderne, Cuxhaven 1989, S. 44 f.

47 Es existiert in der gesamten philosophischen Literatur und darüber hinaus vermutlich auch bei den Dichtern kein Satz vergleichbarer Verbindung zwischen Komik und Begriffsstutzigkeit.

48 Deshalb halte ich Schiappas Deutung für falsch, wonach Protagoras hier einen Logos vertritt, der, wie bei Heraklit, Einheit von Gegensätzen meine. Vgl. E. Schiappa, Protagoras and Logos. A Study in Greek Philosophy and Rhethoric, Columbia 1991, S. 92.

49 DK 80 B 6: »ton hétto [...] lógon kreítto *poieín*.« (Hervorhebung von mir.)

50 Vgl. Platon, Gorgias 452 d5-e1.

51 Zit. nach Th. Buchheim (Hg.), Gorgias von Leontinoi. Reden, Fragmente, Testimonien, Hamburg 1989, 82 B 11,8.

52 Vgl. G.S. Kirk, Heraclitus. The Cosmic Fragments, Cambridge u. a. 1978, S. 228 ff. Eine andere Ansicht liegt dem Wortindex zu den vormetaphysischen Philosophen zugrunde, den Walter Kranz erstellt hat (H. Diels, Die Fragmente der Vorsokratiker, Bd. 3, hrsg. von W. Kranz, Dublin/Zürich 1971, S. 464 ff.). Auch die verdienstvolle Arbeit über Heraklit des französischen Autors M. Conche, Héraclite, Fragments, 2. Aufl., Paris 1987, geht von einem eher problematischen Verständnis der »phýsis« als »force productrice« oder als »dynamisme constituant« aus (S. 254).

53 Platon, Gorgias 483 c-484 b 1.

54 Vgl. B.H.F. Taureck, Ethikkrise, Krisenethik, Reinbek 1992, S. 135.

55 Heraklit, Fragmente, hrsg. und übers. von B. Suell, München 1965, DK 22 B 114.

56 Zur politischen Bedeutung von Nomos und ihrer Entwicklung vgl. C. Mossé, La Grèce archaïque d'Homère à Eschyle, Paris 1984 (Nomos als »la loi commune pour tous«, S. 115). Ferner P. Veyne, Kannten die Griechen die Demokratie?, in: Chr. Meyer/P. Veyne,

Kannten die Griechen die Demokratie?, Berlin 1988, S. 17: Nomos als »Legitimität, [...] die über der transitorischen Legalität stand.« Ausführlicher Chr. Meyer, Die Entstehung des Politischen bei den Griechen, Frankfurt/M. 1983, S. 353 ff. Nomos entwickelt sich vom »Materialen zum Formalen«, d. h. zum geschriebenen Gesetz. Vgl. auch J. de Romilly, La loi dans la pensée grecque, Paris 1971.

57 Vgl. z. B. P. Gay, The Enlightenment, London 1967, S. 72-126, oder F. Solmsen, Greek Enlightenment, Princeton 1976.

58 Übersetzung von mir.

59 Vgl. die Positionen von Protagoras, Diagoras, Prodikos und Kritias.

60 Cicero, De natura deorum I 2.63.117 und III 89.

61 Vgl. W. Nestle, a. a. O., S. 417.

62 Anaximander scheint bereits angenommen zu haben, daß die ersten Lebewesen im Wasser entstanden (DK 12 A 30) bzw. daß der Mensch von Fischen abstammt. (DK 12 A 11). Die Mengenlehre des 19. Jahrhunderts wurde von Anaxagoras' Satz vorweggenommen, wonach im Kleinsten kein Kleinstes und im Größten kein Größtes gefunden werden könne und wonach das Kleine dem Großen der Menge nach gleich ist (DK 59 B 3). In der Sprache der Mengenlehre formuliert, besagt dies, daß bei unendlichen Mengen Teilmengen den umfassenden Mengen äquivalent sind. Zu den übrigen Vorwegnahmen moderner Naturwissenschaft, die von Platon und Aristoteles nicht angemessen eingeschätzt wurden, vgl. bes. S. Sambursky, The Physical World of the Greeks, London 1963.

63 Zu den vier Merkmalen der Aufklärung vgl. J. Mittelstraß, Aufklärung, in: ders. (Hg.), Enzyklopädie Philosophie und Wissenschaftstheorie, Bd. 1, Mannheim u. a. 1980, S. 213 ff. Der fünfte Aspekt wurde hier ergänzt nach E. Cassirer, Die Philosophie der Aufklärung, 3. Aufl., Tübingen 1973. Vgl. auch B.H.F. Taureck, Friedrich der Große und die Philosophie, Stuttgart 1986, S. 18 ff.

64 Thukydides, Geschichte des Peloponnesischen Krieges III, 38, a. a. O.

65 Aristophanes, Die Frösche, übers. von L. Seeger, München 1976, V. 888-894.

66 Ders., Thesmophoriazusen, V. 451.

67 Homer, Die Odyssee, übers. von J.H. Voß, Frankfurt/M. 1963.

68 Ebenda.

69 Homer, Ilias, übers. von J.H. Voß, München 1960.

70 Verschiedentlich wird Euripides als Autor genannt. Hinsichtlich

des zweifelsfrei sophistischen Charakters des Spiels vgl. W. Nestle, a. a. O., S. 400-420.
71 Zit. nach: G. Wirth (Hg.), Griechische Lyrik, Reinbek 1963, S. 91.
72 Einen ausführlichen Überblick über dieses Modethema in der Zeit der Sophistik gibt W.K.C. Guthrie, The Sophists, Cambridge 1971.
73 Vgl. J. de Romilly, Les grands sophistes, a. a. O., S. 223.
74 Protagoras hat mit seinem Mythos der Kulturentstehung einen Katastrophendiskurs in die politische Philosophie eingeführt, der sich in der Aufklärung des 18. Jahrhunderts ansatzweise wiederholt. Im Naturzustand, so bemerkt Jean-Jacques Rousseau im 6. Kapitel des I. Buches *Du contrat social*, ist am Ende niemand mehr in der Lage, sich durch eigene Kraft selbst zu erhalten. Solange jeder auf sich selbst angewiesen bleibe, »würde das Menschengeschlecht untergehen, wenn es nicht seine Seinsweise änderte«. Die Lösung Rousseaus besteht in der Konstruktion eines Status civilis, in welchem die einzelnen »unteilbare Glieder eines Ganzen« werden. Individuelle Macht wird durch kollektive Macht ersetzt, und die kollektive Macht des Sozialpaktes erhält sich durch die verbindliche Festschreibung von Glaubenssätzen einer Zivilreligion. Für Protagoras wäre diese Argumentation insofern nicht nachvollziehbar gewesen, als das Kollektiv für sich stets leer bleibt. Protagoras zeigt das Scheitern von Kollektiven und ist um den Nachweis bemüht, daß Vergesellschaftung scheitert, wenn nicht zuvor die Individuen mit bestimmten Bindekräften ausgestattet gedacht werden. Eine nachträgliche Hinzufügung, wie sie mit Rousseaus Zivilreligion erfolgt, käme im Urteil des Protagoras bereits zu spät, weil das Kollektiv keinen Bestand besäße, wenn es sich ohne jene Bindekräfte konstituierte.

Mit diesem Teil seiner Kulturentwicklungsskizze steht Protagoras der im 20. Jahrhundert formulierten »Dialektik der Aufklärung« nah und fern zugleich. Befreiung von Zwängen der Natur, so lautet die These der Aufklärungsdialektik bei Adorno und Horkheimer, setzt eine bloß instrumentalistische Vernunft frei, die zu anwachsenden innergesellschaftlichen Zwängen führt. Protagoras stimmt mit dieser These insoweit überein, als er ebenfalls davon ausgeht, daß eine Vergesellschaftung der Menschen vor dem Hintergrund der bloßen technischen Rationalität zum Scheitern verurteilt wäre. Aber für Protagoras scheitert diese Art der Vergesellschaftung auf andere Weise als für die Autoren des 20. Jahrhunderts: Es kommt nicht zu einer Zunahme innergesellschaftlicher Zwänge, sondern zur Auflösung der Gesellschaft. Das Überleben des »genus humanum« wird nicht durch einen zum politischen Totalitarismus führenden Verblendungszusammenhang, sondern durch einen Rückfall in die elementare Bedrohungssituation vor der Städtegründung aufs Spiel gesetzt. Die Vorstellung eines Verblendungszusammenhanges, der die Mehrzahl der Betroffenen an Einsicht und Änderung der bloß instrumentalistisch eingesetzten Vernunft hindert, bleibt der gesamten Sophistik fremd. Das Interesse von Protagoras und anderen gilt der Sichtung und Sicherung von Grundlagen für eine funktionierende Demokratie. Eine Unterscheidung von Experten und Laien auf der Ebene der elementaren Bindekräfte der Vergesellschaftung wäre deshalb verhängnisvoll. Wenn Gerechtigkeit und Hochachtung, diese beiden von Zeus zur Rettung des »genus humanum« gestifteten Tugenden, Inhalt eines Expertenwissens wären, dann müßte auch die Stufe der schließlich als erfolgreich dargestellten Überlebenssicherung scheitern.

75 Herodoth, Historien, übers. von Th. Braun, Weimar 1983, V. 3,38.

76 Zit. nach der Übersetzung von W. Wieland, in: ders., Antike. Geschichte der Philosophie in Text und Darstellung, hrsg. von R. Bubner, Stuttgart 1994, S. 99-101, korrigiert in Nr. 10 und nach DK 90, 3,1-14 um die Ziffern ergänzt. Es fällt in Nr. 5 des Textes auf, daß der Verfasser keine Bedenken hat, das Versklaven (andraprodíxasthai) für etwas Rechtmäßiges zu nehmen. Die Sophisten konnten also durchaus konservativ sein und vorhandene Institutionen und Machtpraktiken bestätigen. Die Institutionalisierung der Sklaverei bildet den Punkt, an dem sich unser Selbstverständnis von dem der Griechen maßgeblich unterscheidet. Die Demokratie Athens schloß Sklaverei ein. Der Sklave galt als Sache (to andrápodon) und wurde als solche gehandelt. Ohne die in der Schlüsselindustrie der Silberbergwerke beschäftigten Sklaven und ohne die Sklaven in der Rüstungsindustrie – auf die ein kriegerischer Stadtstaat wie Athen angewiesen war – wäre Athen politisch nicht lebensfähig gewesen. Die griechischen Philosophen schenkten der Sklaverei vielleicht deshalb wenig kritische Aufmerksamkeit. Platon und Aristoteles waren der Ansicht, daß die Griechen ein Recht zur Versklavung von Menschen anderer Völker besäßen. Als Rechtstitel galt hierbei eine Physis, die eine Überlegenheit der griechischen Rasse beinhalten sollte. Auch die Sophistik stellte die Sklaverei nicht generell in Frage. Es gibt jedoch eine Ausnahme, die freilich aus einer Zeit stammt, als die

eigentliche Sophistik längst der Vergangenheit angehörte. Um 360 v.Chr. wird in einem Scholium zu der *Rhetorik* des Aristoteles die folgende Bemerkung von dem Gorgias-Schüler Alkidamas überliefert: »Gott hat alle Freie entlassen: Die Physis hat niemanden als Sklaven erschaffen (eleuthérus ápheke pántas théoŝ udéna dúlon he physis pepoíeken).« (Zit. nach W.K.C. Guthrie, The Sophists, a.a.O., S.159, übers. von mir.) »Gott« ist hier ein Name für die Physis. Die Physis also liefert für diesen Sophisten der vierten Generation nach Protagoras keinen Rechtstitel zur Beschränkung der Freiheit. Auf die Physis kann man sich nicht berufen, um Menschen vom Besitz bürgerlicher Freiheiten auszuschließen. Diese wichtige Bemerkung über das Scheitern naturrechtlicher Rechtfertigung von Sklaverei wurde, wie das Thema der antiken Sklaverei insgesamt, von dem humanistischen Rückgriff auf die Antike im 20. Jahrhundert verdrängt und bezeichnenderweise nicht in die Texte der Sophisten aufgenommen. (Vgl. dazu M. Finley, Die Sklaverei in der Antike. Geschichte und Probleme, München 1981, sowie Y. Garlan, Les esclaves en Grèce ancienne, Paris 1982.)

77 Die Übersetzung von Diels wurde hier leicht modifiziert.

78 Vgl. C. Mossé, La femme dans la Grèce ancienne, Paris 1991, sowie R. Just, Women in Athenian Law and Life, London/New York 1991.

79 Platon, Politeia, übers. von F. Schleiermacher, Darmstadt 1971, 336 B 1-D 6.

80 Sokrates hat die ihm zugeschriebene selbstbezügliche Paradoxie »Ich weiß, daß ich nichts weiß« an keiner überlieferten Stelle geäußert. Was er an der immer wieder falsch zitierten Stelle (Apologie 21 d) tatsächlich bemerkt, ist etwas gänzlich anderes. Es läßt sich als Gegenteil dessen charakterisieren, was man im Christentum unter »Glauben« versteht: Wenn er (Sokrates) etwas nicht *wisse, so glaube* er auch nicht, es zu wissen.

81 Im Griechischen steht für »boshaft« »bledyrós«, was auch mit »schamlos« übersetzt werden kann.

82 So G.B. Kerferd, The Doctrine of Thrasymachos in Plato's »Republic«, in: C.J. Classen, a.a.O., S.552. Vgl. auch A.W. Adkins, Merit and Responsibility. A Study of Greek Values, Oxford 1960, S.276f.: »›Gute Schafe‹ [...] sind Schafe, die einen guten Marktpreis erzielen.«

83 Zum Bild des Schiffes vgl. P. Veyne, Kannten die Griechen die Demokratie?, a.a.O., S.18. Vgl. auch Sophokles, König Ödipus,

übers. von G. Thudichum, Stuttgart 1951, V. 56 f.: »Nichts ist eine feste Burg und nichts ein Schiff/ Wenn ohne die Bemannung sie verlassen stehn.« Zu M. Foucault vgl. dessen Aufsatz: Omnes et singulatim. Vers une critique de la raison politique, in: Le débat 41, Paris 1986, S. 7.

84 Platon, Politeia I, übers. von F. Schleiermacher, a. a. O., 343 d-344 c.

85 Thukydides, Geschichte des Peloponnesischen Krieges a. a. O., III, 83.

86 Platon, Politeia I, übers. von F. Schleiermacher, a. a. O., 344 c.

87 K.R. Popper, The Open Society and its Enemies, Bd. 1, London 1966, S. 105.

88 Vgl. D.A. Dilworth, Philosophy in World Perspective. A Comparative Hermeneutic of the Major Theories, New Haven/London 1989, S. 42.

89 Aristoteles, Physik I, 2, übers. von H. Wagner, Berlin 1979, 185 b 26 ff.

90 F. Nietzsche, Nachgelassene Fragmente, 2. Teil, 1884-1885, in: ders., Sämtliche Werke. Kritische Studienausgabe, hrsg. von G. Colli/M. Montinari, Bd. 11, München 1980, Nr. 38. Vgl. dazu B.H.F. Taureck, Nietzsches Alternativen zum Nihilismus, Hamburg 1991, S. 229.

91 Zit. nach Th. Buchheim (Hg.), Gorgias, a. a. O., S. 40 ff. Neben der grundlegenden Arbeit von H.-J. Newiger, Untersuchungen über Gorgias' Schrift über das Nichtseiende, Berlin/New York 1973, ist besonders die stark formalisierende Darstellung von A. Graeser, a. a. O., über das z.T. schwierige Gorgias-Referat zu nennen.

92 Th. Buchheim (Hg.), Gorgias, a. a. O., S. 41.

93 Zum Thema Gorgias und der Eleatismus vgl. die philosophisch immer noch interessante Arbeit von G. Calogero, Studien über den Eleatismus (1932), Darmstadt 1970, S. 171-243.

94 I. Kant, Kritik der reinen Vernunft, B 626: »*Sein* ist offenbar kein reales Prädikat«, oder noch stärker in seiner Frühschrift *Der einzig mögliche Beweisgrund zu einer Demonstration des Daseins Gottes*, A 26: »Das Dasein ist gar kein Prädikat.«

95 Th. Buchheim (Hg.), Gorgias, a. a. O., S. 43.

96 Ebenda.

97 Vgl. A. Graeser, a. a. O., S. 37.

98 Th. Buchheim (Hg.), Gorgias, a. a. O., S. 45-47.

99 DK 30 B 1-5.

100 Th. Buchheim (Hg.), Gorgias, a. a. O., S. 47.

101 Ebenda, S. 49.

102 Ebenda.

103 Vgl. bes. H. Pleger, a. a. O., S. 161.

104 Th. Buchheim (Hg.), Gorgias, a. a. O., S. 53.

105 Vgl. L. Wittgenstein, Philosophische Untersuchungen, in: ders., Werkausgabe in 8 Bänden, Bd. 1, Frankfurt/M. 1984, Nr. 142, 243-315, 350 f., 384, 390, 398-421. Zu dem Privatsprachenargument Wittgensteins vgl. kritisch etwa A. J. Ayer, Die Hauptfragen der Philosophie, München 1976, S. 123 ff., 170 ff., und ders., Ludwig Wittgenstein, Harmondsworth 1985, S. 71 ff., sowie P. F. Strawson, Wittgenstein's »Philosophical Investigations«, in: ders., Freedom and Resentment and other Essays, London/New York 1974, S. 149-155, und schließlich F. von Kutschera, Sprachphilosophie, München 1975, S. 183-190.

106 Th. Hobbes, Leviathan I, 2, London/New York 1979, S. 4 (übers. von mir).

107 F. Bacon, Aphorismen über die Interpretation der Natur und das Reich des Menschen, zit. nach: G. Gawlick (Hg.), Empirismus (= Geschichte der Philosophie in Text und Darstellung, Bd. 4, hrsg. von R. Bubner), Stuttgart 1985, S. 34.

108 Aischylos, Tragödien und Fragmente, übers. von O. Werner, Reinbek 1966, S. 11 f.

109 Sextus Empiricus, Grundriß der Pyrrhonischen Skepsis, eingeleitet und übers. von Malte Hossenfelder, Frankfurt/M. 1968, I, 216-219.

110 Ebenda, II, 15 ff.

111 Ebenda, II, 217-219.

112 Heraklit, Fragmente, a. a. O., DK 22 B 46, 89, 111, 117.

113 H. Schmitz schreibt: »[...] mit einem Maß kann man nicht entscheiden, daß etwas ist oder nicht ist, sondern nur, in welchem Ausmaß es vorhanden ist.« (Ders., Der Ursprung des Gegenstands. Von Parmenides bis Demokrit, Bonn 1988, S. 81.) Daraus folgt für ihn, daß *hos* nicht »daß«, sondern nur »wie« heißen könne. Das läuft jedoch auf eine Verkürzung von M hinaus. Th. Buchheim will für »métron« eine historische Semantik zur Geltung bringen. »Métron« bedeutet danach – wie häufig im Griechischen – nicht nur eine Darstellungsweise, sondern auch das Dargestellte selbst. So wie – um Buchheim zu ergänzen und zu bestätigen – »Logos« Einheit der Rede und des Redegegenstands, wie »alétheia« unverhohlene Darstellung und

Offenkundigkeit des Dargestellten oder wie »arithmós« Zählen und das Gezählte bedeuten, müssen wir auch »métron« als Messendes und als Gemessenes verstehen. Das führt Buchheim zu der Deutung von M, nach der »Mensch und Dinge als eine sich je selbst zur Geltung bringende Einheit« verstanden werden. (Th. Buchheim, Die Sophistik als Avantgarde normalen Lebens, Hamburg 1986, S. 63 ff.) Selbst wenn Protagoras ähnliches geäußert hätte, bliebe noch immer zu fragen, mit Hilfe welcher Begriffe er denn eine Einheit von Mensch und Dingen auslegen wollte.

114 Sextus Empiricus, Adv. Log. I, 389f. Vgl. im gleichen Sinn A. Graeser, a. a. O., S. 24 ff.

115 Wir folgen hier der von L. Tarán erneuerten, älteren Interpretation, wonach es nur diese beiden Wege gibt. (Ders., Parmenides, Princeton 1965.)

116 Es wäre auch möglich gewesen, »etwas« als generellen Term zu deuten. In Sätzen wie »Hummer und Tomaten sind beide etwas, nämlich rot«, erscheint »etwas« nicht als Stellvertreter für ein bestimmtes Ding, sondern für etwas Generelles. Das aber hatte Parmenides noch nicht im Blick.

117 Die Vorsokratiker I, hrsg. und übers. von J. Mansfeld, Stuttgart 1983, DK 28 B 16, S. 331.

118 »Krásis« darf hier nicht mit »meíxis« (Vermengung) verwechselt werden. Wegen der Entsprechung von Gleichem zu Gleichem haben einige Interpreten das Parmenides-Fragment B 16 seiner Wahrheitslehre zugeordnet. Andere erblicken jedoch seinen Ort im Gefüge des Teils, wo die »doxai«, die trügerischen Meinungen der Mehrzahl der Menschen, abgehandelt werden. Eine sichere Zuordnung ist nicht möglich.

119 Platon, Kratylos 386 d 3-7.

120 Vgl. Platon, Theaitet 152 b 5-7; Sextus Empiricus, Grundriß, a. a. O., II, 63.

121 Vgl. A. Kennedy, Classical Rhetoric and its Christian and Secular Tradition from Ancient to Modern Times, Chapel Hill 1980; sowie E. Schiappa, a. a. O., S. 39 ff.

122 Aristoteles, Rhetorik I, 2,1. Aristoteles' Schrift über die Redekunst entfaltete allerdings in der Antike keine besondere Wirksamkeit. Sie wird außerdem von dem Widerspruch durchzogen, daß der Verfasser ohne stilistischen Schliff Ratschläge zu stilistischer Eleganz erteilt. Zu den wichtigsten Einsichten der Aristotelischen Rhetorik

gehört gleichwohl, daß er die Redekunst zu einer Allgemeinheit befähigt sieht, die sie mit anderen Künsten bzw. der Wissenschaft teilt. Das Erfassen dessen, was überzeugend ist, vermag sich danach unspezialisiert auf alle Bereiche zu erstrecken.

123 W. Nestle, a. a. O., S. 257. Eduard Norden zitiert eine antike Quelle, die über Gorgias' Auftreten in Athen berichtet: »Als er nach Athen kam und vor dem Volk auftrat, redete er zu den Athenern über das Bündnis und versetzte sie durch das Fremdartige seiner Redeweise in staunende Verwunderung, da sie von guter Naturanlage und Freunde der Rede waren; denn er zuerst gebrauchte die besonderen und sich durch ihre Kunst auszeichnenden Redefiguren.« (ders., Die Antike Kunstprosa. Vom 6. Jahrhundert v.Chr. bis in die Zeit der Renaissance, 8. Aufl., Darmstadt 1981, S. 16 und 50.)

124 Ebenda. Thrasymachos hatte die rhythmische Periodisierung eingeführt, während die Konzeption der Redefiguren – z. B. der Antithese – das Verdienst Gorgias' war.

125 Vgl. E. Schiappa, a. a. O., S. 157 ff.

126 Belege für das Interesse der Sophisten an einer Theorie der Sprache im Hinblick auf deren Wirkmöglichkeiten finden sich bei C.J. Classen, The Study of Language amongst Socrate's Contemporaries (1959), in: ders. (Hg.), Sophistik, a. a. O., S. 215-248.

127 Vgl. dazu aus meiner Sicht B. Taureck, Mythos und Paideia. Ein Beitrag zu einem anderen philosophischen Verständnis des Schönen bei Platon, in: Wiener Jahrbuch für Philosophie, Bd. 14, 1981, S. 123-134.

128 E.H. Gombrich, Kunst und Illusion. Zur Psychologie der bildlichen Darstellung, Stuttgart/Zürich 1978, S. 141 ff.

129 Das Gleichnis lautet: »Wie wenn Maler Weihetafeln bunt verfertigen, Männer die sich auf Kunst (téchne) infolge ihrer Begabung wohl verstehen, – nachdem sie nun vielfarbige Gifte mit ihren Händen ergriffen und harmonisch gemischt haben, das eine mehr, das andere weniger, bereiten sie daraus Gestalten, die allen möglichen gleichen, indem sie Bäume schaffen und Männer sowie Frauen und Tiere und Vögel und wassergenährte Fische, und auch Götter, langlebige, an Ehren reichste –: so soll dir nicht Trug den Sinn bezwingen, anderswoher (*als aus den Elementen*) stamme die Quelle aller sterblichen Dinge, soviele – unzählige – offenbar geworden sind.« (DK 31 B 23) Vgl. auch Gorgias, Lob der Helena: »Indes die Maler, wenn sie aus vielen Farben und Körpern einen einzigen Körper im Umriß vollen-

det hervorbringen, bereiten sie dem Anblick Genuß«, zit. nach Th. Buchheim, Gorgias, a. a. O.; vgl. auch dessen Fußnote auf S. 172 ff.

130 Th. Buchheim, Gorgias, a. a. O.

131 Ebenda, Fußnoten auf S. 167 ff.

132 Zu dem Begriff »kairós« vgl. die interessanten Fußnoten von J.-P. Dumont in seiner äußerst verdienstvollen französischen Gesamtübersetzung der Diels-Kranz-Ausgabe der Vorsokratiker und ihrer umfänglichen Kommentierung, ders., Les Présocratiques, Paris 1988, S. 1412 f. Vgl. ferner W.H. Race, The Word *kairós* in Greek Drama, in: Transaction and Proceedings of the American Philological Association, Heft 111, 1981; sowie Th. Buchheim, Die Sophistik als Avantgarde normalen Lebens, a. a. O., S. 82 ff.

133 Vgl. dazu M. Weber, Wirtschaft und Gesellschaft. Grundriß der verstehenden Soziologie, Tübingen 1980, § 16, S. 28.

134 Platon, Gorgias, übers. von F. Schleiermacher, Darmstadt 1970, 452 d-e; vgl. auch Platon, Menon 73 c.

135 So jedenfalls übersetzen und deuten R. Dupont-Roc und J. Lallot »mimesis« in: dies., Aristote. La Poétique, Paris 1980, S. 18 ff.

136 G. Calogero, Gorgias and the Socratic Principle Nemo Sua Sponte Peccat, in C.J. Classen, a. a. O., S. 408-425.

137 Platon, Nomoi, übers. von F. Schleiermacher, Reinbek 1966, 716 c.

138 Platon, Politeia, 477 a.

139 Platon, Nomoi, a. a. O., 887 b-c.

140 Daß diese Überlegungen nicht auf die *Nomoi* und auf die Götterhypothese beschränkt sind, sondern auch noch eine eigentümliche Astronomie- und Naturwissenschaftskonzeption Platons im *Timaios* einschließen, hat L. Schäfer plausibel werden lassen. Vgl. ders., Herrschaft der Vernunft und Naturordnung in Platons Timaios, in: L. Schäfer/E. Ströker, Naturauffassungen in Philosophie, Wissenschaft, Technik, Bd. 1, Freiburg/München 1993, S. 49-83.

141 Aristoteles, Nikomachische Ethik, übers. von F. Dirmeier, Stuttgart 1969, V.1, 1130 a 2 ff.; die Kennzeichnung der Gerechtigkeit als »allótrion agathón« wird von Aristoteles in 1134 b 6 f. wieder aufgegriffen.

142 Vgl. zur angeführten Bewertung der zweiten Sophistik A. Lesky, Geschichte der griechischen Literatur, 2. Aufl., München/Bern 1958, S. 927 ff. Vgl. auch G.W. Bowersock, Greek Sophists in the Roman Empire, Oxford 1969; sowie G. Anderson, The Second Sophistic. A Cultural Phenomenon in the Roman Empire, London/New York 1993. Eine eigene Bibliographie zur zweiten Sophistik hat G. Rocca-

Serra zusammengestellt, in: B. Cassin (Hg.), Positions de la sophistique, Paris 1986, S. 301-315.

143 Nikolaus von Kues, Der Beryll, in: ders., Die philosophisch-theologischen Schriften, hrsg. von U. Gabriel und übers. von D. und W. Dupré, Bd. 3, Wien 1967, S. 6 (übers. von mir).

144 Ders., Vom Globusspiel, in: ders., Schriften, a. a. O., S. 346 (übers. von mir).

145 Ebenda, S. 346 ff.

146 In diesem Zusammenhang sei erwähnt, daß ein berühmter Zeitgenosse Bacons, der zeitweise fälschlich mit diesem identifiziert wurde, offenbar auf eine eigene Weise fasziniert gewesen ist von dem unscheinbaren und für die frühen griechischen Denker wichtigem Verb »sein« bzw. »to be«: William Shakespeare (1565-1616). Shakespeare hat Aristoteles' *Nikomachische Ethik* aufgegriffen, Pythagoras' Seelenwanderungslehre verspottet und war mit Fragen der antiken Rhetorik, wie sein *Julius Caesar* beweist, vertraut. Daß er bei seiner Cicero- oder Plutarchlektüre nicht auf den Namen des Protagoras gestoßen sein soll, dessen Präsenz bei seinem Zeitgenossen Francis Bacon selbstverständlich war, ist unwahrscheinlich. Auch wenn der Nachweis einer ausdrücklichen Kenntnis der Sophisten bei Shakespeare nicht geführt werden kann, so läßt sich dennoch feststellen, daß Shakespeare in vielfacher Hinsicht den Geist jener Freiheit des Zeitalters der Sophisten im ernsten und unernsten Umgang mit Seinsfragen wiederbelebte. Propositionen über Sein, Schein und Nichtsein werden wiederholt in verschiedenen Kontexten inszeniert. Das 121. Sonett beginnt »Tis better to be vile than vile esteem'd/ When not to be receives reproach of being« und setzt später fort mit »No, I am that I am«. Jago beginnt Othello damit zu ködern, daß er mahnt, »Men should be what they seem«. In *Twelfth Night* bemerkt die das Mittel der Verkleidung als Mann wählende Viola, sie sei nicht, was sie sei, »I am not what I am«. In dieser Komödie, in der auch Pythagoras' Seelenwanderung parodiert wird, kommt es darüber hinaus zu einer Inszenierung einer an Gorgias gemahnenden Parodie auf Parmenides: »Denn wie der alte Einsiedler von Prag, der niemals Tinte und Feder sah, sehr weise zu einer Nichte des Königs Gorboduc sagte, *Was ist, ist*: so daß ich, der ich Meister Parson bin, Meister Parson bin; denn was ist *das* als *das*? und *ist* als *ist*?« (Bzgl. Jago zu Othello: vgl. Othello III.3.130; bzgl. Viola vgl. Twelfth Night III.1.143. Für Belege zur Pythagoras-Parodie bei Shakespeare

169

vgl. B.H.F. Taureck, Terms of Time. Shakespeares philosophische Entdeckung in *Hamlet*, in: Jahrbuch der deutschen Shakespeare-Gesellschaft, Bochum 1994, S. 98-113.)

Shakespeare reinszeniert die alten Fragen nach Sein und Nichtsein. Den kleinen Schritt, der Erhabenes vom Lächerlichen dabei trennt, nutzt er als Tanzboden für eine Wiederkehr der Diskussion des »Seins« bei Eleaten und Sophisten.

147 G. Vico, Principij di Scienza Nouva, hrsg. von F. Nicolini, Mailand/Neapel 1953, S. 551 und 556.

148 G.F.W. Hegel, Vorlesungen über die Geschichte der Philosophie, in: ders., Werke, Bd. 18, Frankfurt/M. 1971, S. 49. Vgl. zu den hier umrissenen Problemen genauer B.H.F. Taureck, Les apories du métahistoricisme. L'argument présocratique chez Hegel, Nietzsche et Heidegger, in: G. Boss (Hg.), La philosophie et son histoire, Zürich 1994.

149 G.F.W. Hegel, a. a. O., S. 23.

150 Es fällt auf, daß Gorgias' Philosophie nicht unter die Anfänge gerechnet wird. Seine Position des Nichtseins erhält auch nicht den ihr eigentlich gebührenden Platz, nämlich die unmittelbare Contraposition zu den Eleaten. Die Referate zu *Über das Nichtseiende* – Hegel verwendet bereits beide Berichte – werden von ihm als nicht die eigentliche Philosophie betreffende Problemstellung ausgegrenzt: »Diese Dialektik ist allerdings unüberwindbar für denjenigen, der das (sinnliche) Seiende als Reelles behauptet« – für Hegel gibt es keine Realität des Sinnlichen; G.F.W. Hegel, a. a. O., S. 440.

151 G.F.W. Hegel, a. a. O., S. 430 f.

152 F. Nietzsche, Nachgelassene Fragmente 1869-1874, in: ders., Sämtliche Werke, Bd. 7, a. a. O., Nr. 31 [6]. Vgl. auch B.H.F. Taureck, Nietzsches Alternativen, a. a. O., S. 296.

153 F. Nietzsche, Nachgelassene Fragmente 1887-1889, in: ders., Sämtliche Werke, Bd. 13, a. a. O., Nr. 11 [375] und Nr. 14 [116].

154 Ders., Nachgelassene Fragmente, 2. Teil, 1884-1885 in: ders., Sämtliche Werke, Bd. 11, a. a. O., Nr. 27 [80]. Vgl. dazu B.H.F. Taureck, Nietzsches Alternativen, a. a. O., S. 248 ff.

155 F.C.S. Schiller, zit. nach E. Martens, Texte der Philosophie des Pragmatismus, Stuttgart 1975, S. 191 f. Der englische Philosoph A.J. Ayer hat sogar den gesamten Pragmatismus auf Protagoras zurückzuführen versucht: A.J. Ayer, The Origins of Pragmatism. Studies in the Philosophy of Charles Sanders Peirce and William James, San Francisco 1968.

156 P. Valéry, Cahiers I, hrsg. von J. Robinson-Valéry, Paris 1973, S. 662 (übers. von mir).
157 Ebenda, S. 628 (übers. von mir).
158 Ders., Œuvres, Bd. 2, Paris 1960, S. 619 (übers. von mir).
159 M. Heidegger, Die Zeit des Weltbildes, Zusatz Nr. 9, in: ders., Holz-wege, Frankfurt/M. 1963, S. 97 ff.
160 K. Jaspers, Die geistige Situation der Zeit (1931), Berlin 1960, S. 75.
161 Ebenda, S. 169 ff.
162 A. Badiou, Conditions, Paris 1992, S. 61 (übers. von mir).
163 Ebenda, S. 75.
164 Ebenda. Zu einer kritischen Würdigung des gesamten Unterneh-mens von Badiou vgl. B.H.F. Taureck, Le statut de la philosophie dans la réflexion philosophique française et francophone de nos jours, in: Laval théologique et philosophique, Heft 49/3, 1994, S. 389-407.
165 Ferner scheint Badiou entgangen zu sein, daß — wie oben beschrie-ben — der Platon der *Nomoi* von der Sophistik faktisch weitaus mehr übernimmt, als seine Deklarationen vermuten lassen.
166 M. Foucault, L'ordre du discours, Paris 1971, S. 17 f. und 48 (übers. von mir). Verdienstvolles Aufgreifen dieser Thematik in der Sekun-därliteratur bei U. Marti, M. Foucault, München 1988, S. 76 ff.
167 Vgl. G. Böhme, a. a. O., S. 51 ff.
168 Parmenides, in: Die Vorsokratiker, a.a.O, DK 28 B 1, Z. 28-30.

Literaturhinweise

1. Textausgaben

Buchheim, Th. (Hg.), Gorgias von Leontinoi. Reden, Fragmente, Testimonien, Hamburg 1989.

Diels, H., Die Fragmente der Vorsokratiker, Bd. 2, hrsg. von W. Kranz, 16. Aufl., Dublin/Zürich 1972.

Dumont, J.-P., Les présocratiques, Paris 1988.

Sprague, R.K., The Older Sophists. A complete translation, Columbia 1972.

Untersteiner, M., Sofisti. Testemonianze e frammenti, Florenz 1949-1962.

2. Bibliographien

Classen, C.J. (Hg.), Sophistik, Darmstadt 1976, S 641-711.

Lafrance, Y./Paquet, L./Roussel, M., Les présocratiques. Bibliographie analytique 1879-1980, Montréal/Paris 1988.

3. Monographien

Baumhauer, O.A., Die sophistische Rhetorik, Stuttgart 1966.

Buchheim, Th., Die Sophistik als Avantgarde normalen Lebens, Hamburg 1986.

Cassin, B. (Hg.), Positions de la sophistique, Paris 1986.

Classen, C.J. (Hg.), Sophistik, Darmstadt 1976.

Ders., Ansätze. Beiträge zum Verständnis der frühgriechischen Philosophie, Amsterdam/Würzburg 1986.

Cole, Th., The Origins of Rhetoric in Ancient Greece, Baltimore 1991.

Dreher, M., Sophistik und Polisentwicklung, Frankfurt/M. 1983.

Dupréel, E., Les sophistes, Neuchâtel 1948.

Emsbach, M., Sophistik als Aufklärung. Untersuchungen zum Wissenschaftsbegriff und zur Geschichtsauffassung bei Protagoras, Würzburg 1980.

Gomperz, H., Sophistik und Rhetorik, Stuttgart 1965.

Graeser, A., Die Philosophie der Antike 2. Sophistik und Sokratik, Plato und Aristoteles (= Geschichte der Philosophie, Bd. 2, hrsg. von W. Röd), 2. Aufl., München 1993.

Guthrie, W.K.C., The Sophists, Cambridge 1971.

Heinimann, F., Nomos und Physis. Herkunft und Bedeutung einer Antithese im griechischen Denken des 5. Jahrhunderts, Basel 1945.

Kerferd, G.B., The Sophistic Movement, Cambridge 1969.

Ders. (Hg.), The Sophists and their Legacy, Wiesbaden 1982.

Newiger, H.-J., Untersuchungen zu Gorgias' Schrift über das Nichtseiende, Berlin/New York 1973.

Nill, M., Morality and Self-Interest in Protagoras, Antiphon and Democritus, Leiden 1985.

Patzer, A., Der Sophist Hippias als Philosophiehistoriker, Freiburg/München 1986.

Romeyer Dherbey, G., Les sophistes, 2. Aufl., Paris 1989.

Romilly, J. de, Les grands sophistes dans l'Athènes de Périclès, Paris 1988.

Schiappa, E., Protagoras and Logos. A Study in Greek Philosophy and Rhetoric, Columbia 1991.

Schmitz, H., Der Ursprung des Gegenstands. Von Parmenides bis Demokrit, Bonn 1988.

4. Literatur zur griechischen Philosophie und Geschichte

Böhme, G., Der Typ Sokrates, Frankfurt/M. 1988.

Calogero, G., Studien über den Eleatismus, Darmstadt 1970.

Dahlheim, W., Die griechisch-römische Antike, Bd. 1: Herrschaft und Freiheit. Die Geschichte der griechischen Stadtstaaten, Paderborn u. a. 1992.

Heitsch, E., Parmenides und die Anfänge der Erkenntniskritik und Logik, Donauwörth 1979.

Marrou, H.I., Histoire de l'éducation dans l'Antiquité, Paris 1965.

Nestle, W., Vom Mythos zum Logos. Die Selbstentfaltung des griechischen Denkens (1940), Stuttgart 1975.

Norden, E., Die antike Kunstprosa. Vom VI. Jahrhundert vor Chr. bis in die Zeit der Renaissance, 2 Bde., 8. Aufl., Darmstadt 1981.

Taureck, B.H.F., Philosophie und Metaphilosophie. Studien zwischen Antike und (Post)Moderne, Cuxhaven 1989.

Ders., Les apories du métahistoricisme. L'argument présocratique chez Hegel, Nietzsche et Heidegger, in: G. Boss (Hg.), La philosophie et son histoire, Zürich 1994.

Zeittafel

Ca. 490 v. Chr.	Geburt des Protagoras.
490-480 v. Chr.	Mederkriege.
Ca. 470 v. Chr.	Geburt des Sokrates.
458 v. Chr.	Aufführung der *Orestie* des Aischylos in Athen.
444 v. Chr.	Gorgias beginnt mit seiner Schrift *Über das Nichtsei-ende*.
431 v. Chr.	Beginn des Peloponnesischen Krieges.
427 v. Chr.	Gesandtschaft des Gorgias nach Athen.
423 v. Chr.	Aufführung der *Wolken* des Aristophanes.
411 v. Chr.	Oligarchische Revolte in Athen.
404 v. Chr.	Wiederherstellung der Demokratie.
399 v. Chr.	Hinrichtung des Sokrates. Erste Dialoge Platons.
393 v. Chr.	Eröffnung einer Schule durch Isokrates.
387 v. Chr.	Akademiegründung Platons.

Bernhard H.F. Taureck lehrt Philosophie an der Universität Hamburg. Er verfaßte u. a. *Französische Philosophie im 20. Jahrhundert* (1988), *Nietzsche und der Faschismus* (1989), *Nietzsches Alternativen zum Nihilismus* (1991), *Lévinas zur Einführung* (1991) sowie *Ethikkrise, Krisenethik* (1992).